길의 영성

모든 그리스도인을 위한 선교적 영성

품시리즈

길의 영성

모든 그리스도인을 위한 선교적 영성

데이비드 보쉬 지음 | 김동화 · 이길표 공역

한국해외선교회출판부

일러두기
성경은 기본적으로 개역개정판을 이용하였고 다른 번역본은 본문 뒤에 따로 표기하였다.

Contents

역자 서문 · 7

추천의 말 · 11

1. 십자가의 영성 · 15
   고린도후서 1:1-4; 11:16-31

2. 잡상인인가, 사로잡힘의 기쁨인가? · 41
   고린도후서 1:15-2:17; 11:1-6, 12-15

3. 그리스도의 대사들 · 65
   고린도후서 3:18; 5:18-6:10

4. 그리스도를 위한 섬김 · 91
   고린도후서 3:1-3; 7:2-16

5. 연약할 수 있는 용기 · 117
   고린도후서 4:1-18; 5:11-17; 6:1-10; 12:6-10

미주 · 142

역자 서문

    이런 저런 형태로 선교 사역에 참여하면서 나이가 들수록 스스로를 당황스럽게 만드는 것 중에 하나는 나의 신앙신조와 세계관의 상당히 많은 부분이, 특히 핵심적인 것 중에서도 적지 않은 부분이 성경적이라기보다는 세상의 가치와 논리에 큰 영향을 받고 있다는 것을 깨닫게 되는 것이다. 이 책을 처음 읽었을 때 그러한 부분에 속하는 많은 것들이 정리되는 것을 느꼈다. 예를 들면 우리의 사역이 얼마나 자본주의 가치와 논리에 영향을 받고 있는가 하는 것이다. 저자는 우리가 효율과 계획, 전략의 관점에서 사역을 진행하고 성공, 수익, 배당 등의 범주 안에서 생각하고 있음을 뼈아프게 지적하고 있다. 이런 점에서 좀더 일찍 이 책을 접하지 못한 것이 무척 아쉬웠다. 선교사 후보생의 선발과 훈련에서부터 구체적인 현장 사역과 파송 교회의 문제에 이르기까지 선교 사역과 선교사의 삶에

나타나는 실제적인 문제들이 적나라하게 다루어지고 있으면
서도 이를 고린도후서에 나타나는 사역의 원리를 통해 통합하
고 있다는 것이 놀라웠다.

피터 센게(Peter Senge)는 목회자들을 위한 강연에서 서구에
서는 영성에 관한 책이 자기 계발에 관한 책 다음으로 많이
팔리고 있는데 기독교보다는 불교의 영성에 관한 책이 더 많이
팔리고 있다고 하면서, 그 이유는 불교는 영성이 삶의 방식으
로 나타나는 반면, 기독교는 신념 체계로 나타나기 때문이라고
하였다. 그는 목회자들에게 신앙을 단순한 신념 체계로서가
아니라 삶의 방식으로 재발견하는 방법을 생각해 보라고 권면
하였다. 영성(spirituality)이라는 용어에는 일상의 거룩함, 즉
거룩과 세속의 조화, 실천 가능하고 지속 가능하며 의미 있는
삶의 방식이라는 뜻이 담겨 있다. 따라서 영성 훈련은 어떤
사람이 갖기를 원하는 인격과 실제로 갖고 있는 인격 사이의
격차를 좁히는 훈련이라고 할 수 있다. 브라이언 맥클라렌
(Brian McLaren)은 이는 곧 우리로 하여금 살아있음(aliveness)
을 실천하여 인간다워지게 하는 것으로 인생 훈련 또는 인간성
훈련이라고 부를 수 있다고 하였다. 따라서 영혼뿐 아니라 몸
도 가진 전인을 훈련하는 것이 기독교 영성의 핵심이다. 보쉬
가 서두에 지적한 것처럼 '영성'이라는 단어는 우리를 불편하

게 하는 모호한 의미를 가진 단어이다. 그만큼 영성에 관하여 다양한 정의가 있지만 한가지 공통적인 것은 육체를 긍정하고 귀하게 여긴다는 것이다.

보쉬가 선교사들을 위한 영성을 이야기하기 위해 고린도후서를 선택한 것도 바로 이런 이유이다. 2장의 서두에서 다른 서신서들과는 달리 고린도후서는 교리에 관한 논의가 전혀 없고 바울의 사역의 정당성을 변론하는 선교사의 참된 영성 탐구라는 점을 언급하였다. 선교에 관한 논의가 선교 신학의 차원에만 머무르지 않고 평범한 일상적인 삶까지 다루는 영성의 추구, 특히 한 군데 도착지에 머무르는 것(수도원의 영성)이 아니라 여정 가운데 있는 영성(길의 영성)을 추구하였다는 점에서 그리스도인으로 순례의 여정을 가려는 모든 이들에게 많은 도움이 되리라 생각한다.

보쉬는 선교학적으로도 한 획을 긋는 저서(*Transforming Mission*, 변화하는 선교)를 남긴 출중한 학자였지만 이와 같이 선교사들 앞에서 삶의 방식을 다루는 것을 주제로 강의를 하고 이를 책으로 남기었다는 것도 놀라운 점이다. 백인 선교사들의 인종차별적 태도에 관한 것까지 드러내 보여주는 모습은 우리 자신도 많이 돌아보게 하는 것이다.

이 책은 본래 선교사 출신으로 신학대학원의 교수로 일하시던 이길표 목사님이 번역하여 2011년에 출간하였는데 이미 절판된 지 오래되었다. 이 책을 다시 출간하여 널리 읽히도록 하고 싶은 마음에서 이길표 목사님께 외람되지만 번역을 새롭게 하여 개정판을 내고 싶다고 말씀을 드렸는데 흔쾌히 허락해 주셔서 이같이 결실을 보게 되었다. 이길표 목사님께 다시 한 번 깊이 감사드리며 내가 번역을 끝마쳤다는 소식을 듣고 출판을 위해 먼저 손을 내밀어 주신 사단법인 한국해외선교회의 권성찬 대표님과 출판부를 담당하고 있는 KRIM의 홍현철 원장님 그리고 1차 윤문 작업을 해 주신 성경번역선교회(GBT)의 김다솜 선교사님께도 감사드린다.

2023년 새해 벽두에

역자 김동화

추천의 말

최근 수십 년간 북미의 많은 그리스도인이 영성에 대하여 새로운 관심을 보여 왔다. 60 년대 후반과 70 년대 초반, 사회에 관한 관심이 믿음과 의미를 향한 내적 탐색으로 옮겨간 듯하다. 어떤 사람들에게는 이런 현상이 베트남 전쟁의 여파로 인하여 행동주의(activism)에서 소극적 저항주의(passivism)로, 마치 시계추가 움직이는 것과 별다름 없이 옮긴 듯 보일지도 모른다. 하지만 대체로 사람들은 이러한 현상이 사회적 · 정치적으로 당혹스러운 문제에 직면할 때 좀 더 깊이 있는 성경적 · 도덕적 뿌리를 향한 갈망을 반영하는 것이 아닌가 생각할 것이다.

1978 년 봄, 메노나이트 선교연구 펠로우쉽(Mennonite Mission Study Fellowship, MMSF)은 "길의 영성"(A Spirituality of the Road)이라는 주제에 집중하기로 했다. 이 주제를 탐색하는 데 관심을 가진 이유는 다음과 같다. 사람들이 지금 이곳

에서 적극적으로 살아내야 할 제자도에는 별 관심 없이, 내면에만 집중하며 잘못된 영성을 추구하고 만족하는 것에 문제를 느꼈다. 누군가 여기서 벗어나도록 도울 필요가 있다는 생각을 한 것이다.

이 세미나를 계획한 이들은 자신들의 기대가 틀리지 않았다는 것을 알게 되었다. 데이비드 보쉬는 고린도 교회에 보내는 사도 바울의 두 번째 편지에 나타난 그의 삶과 사역에 관한 연구에 자신의 선교사와 목사로서의 풍부한 경험을 더하여, 깊이 있는 신학적 통찰력과 겸손하면서도 절제된 자세로 영성의 핵심 주제에 곧바로 파고 들어갔다. 또한, 날카로운 지적과 함께 위안의 말을 곁들이며 개개인의 마음속으로 파고들었다. 이 강의의 초점은 고린도후서와 선교사가 처한 상황에 중점을 두고 있지만, 여기에 나타난 통찰들은 신실함을 갈망하는 모든 그리스도인에게 필요한 것이다. 보쉬는 자기중심적이고 개인적인 이기주의 영성을 거부한다. 그는 천로역정의 영성 모델과 또 다른 요나의 영성 모델이 아닌, 제 3 의 모델로 십자가의 영성을 확고하게 옹호한다. 이 모델은 인간의 비참한 상태와 하나님의 영광 양편 모두를 세심하게 고려하는 영성의 모델이다.

데이비드 보쉬 박사는 그의 선교적이고 에큐메니컬한 공헌과 함께, 용감하면서도 온유한 영성으로 교계에 널리 알려진 분이다. 그는 남아프리카공화국 프리토리아에 있는 남아프리카 대학(University of South Africa)의 신학과 교수이며, 학술지 *Missionalia* 의 편집인이기도 하다. 보쉬 박사가 MMSF 모임에서 발표한 다섯 편의 글은 열렬한 호응을 받았고, 참석자들은 성령 안에서 성장하고자 하는 모든 사람에게 이 글을 추천하였다.

MMSF 는 메노나이트 연구소(Institute of Mennonite Studies)의 후원으로 매년 모이는 비공식적 모임으로, 기독교 선교에 관한 주제들을 토론한다. 보쉬 박사에게 감사드리는 것과 함께 이 세미나를 계획하고 도와준 윌버트 쉥크(Wilbert Shenk) 박사와 로버트 램지어(Robert L. Ramseyer), 그리고 이 책이 출판될 수 있도록 모든 원고작업을 해준 수잔 키니 린드(Suzanne Keeney Lind)에게도 감사드린다.

코넬리어스 딕(Cornelius J. Dyck)

메노나이트 연구소 소장, 인디애나 엘하르트에서

1

십자가의 영성

(고린도후서 1:1-4; 11:16-31)

나는 '영성'이라는 단어가 언제나 불편하다는 점을 먼저 고백하고자 한다. 이것은 비단, 나뿐만이 아니라 다른 많은 이들도 마찬가지일 것이다. 왜일까? "과연 영성은 무엇을 의미하는가?"라는 질문에 속 시원한 대답이 어렵기 때문이다. 짐작하건대, 대부분 영성을 우리가 알고 있는 '경건한 삶'과 거의 동일시하는 것 같다. 이는 늘 민감히 다루어야 할 영역이다.

14년 전쯤에 미국 연합장로교회(U.P.S.)에서 안식년 중에 있는 선교사들에게 설문지를 보냈다. 설문 내용은 해외 선교현장에서 경험한 문제들에 관한 것이었다. 아래의 9가지 영역 중 어려움을 겪었던 부분에 표시하도록 했다.

(1) 경건한 삶을 추구하는 것

(2) 속을 털어놓고 이야기할 수 있는 친구를 갖는 것

(3) 자신의 소명에 대한 회의

(4) 심각한 염려

(5) 우울했던 기간

(6) 알코올

(7) 성적 유혹

(8) 신학적 의심 또는 모호성

(9) 기독교적 원칙들을 지키지 못하지 않을까 하는 두려움

어떤 항목이 가장 많이 선택되었을지 아마 짐작할 수 있을 것이다. 거의 모든 선교사가 "만족스러운 경건의 삶을 사는 것이 어렵다"고 꼽았다. 그러나 우리는 이 고백으로부터 너무 많은 것을 유추하지 않도록 주의해야 한다. 왜냐하면, 누구나 자신의 '경건의 삶'을 살펴볼 때 원하는 기준에 미치지 못할 것이기 때문이다. 스스로 원하는 만큼 영적이지 못함을 인정하는 것은 오히려 영성이 있음을 반증하는 것이기도 하다. 경건한 삶을 사는 것에 아무런 문제가 없다고 한다면 그것이야말로

영성이 부족하다는 것, 즉 위선임을 의미하는 것이 아니겠는가.

하지만 이 부분이 설문의 다른 영역들에도 똑같이 적용되는 것은 아니다. 우리는 경건한 삶에 대해 문제가 있음을 인정하는 것이 어렵지 않다. 하지만 성적인 유혹과 싸운다는 것을 인정하는 것은, 특히 선교사들에게는 쉽지 않다.

이러한 점은 설문의 다른 영역에도 동일하게 적용된다. 선교사들은 소명에 대한 의심이 있어서는 **안 되며**, 심각한 염려나 우울증으로 고통을 받아서도 **안 되고**, 알코올 문제 또한 **없을 것**으로 생각한다. 그것뿐이랴. 속마음을 털어놓을 친구도 필요치 않을 거라 여긴다. 어차피 그들은 모든 문제를 주님께 아뢰어야 하는 사람들이니까! 선교사들은 진정 영적인 사람들이고, 당연히 믿음으로 사는 사람들이므로 그들에게 이런 문제는 마땅히 없어야 하지 않은가?

나는 연합장로교회 설문지에 문제가 있다고 보는데, 설문지에 나열된 9가지 항목을 같은 수준에서 비교하면 안 된다고 여기기 때문이다. 따라서 나는 이 컨퍼런스를 준비하며 메노나이트 선교사들을 위한 설문을 만들었다. 장로교회 설문의 4, 5, 6, 9번은 빼고 다른 질문들로 채웠는데, 그것은 다음과 같다.

(1) 과중한 일들로 인한 부담 또는 막중한 책임감으로 인한 피곤함

(2) 쓸모없는 존재라는 느낌 혹은 제대로 인정받지 못하고 있다는 느낌

(3) 동료 선교사들과의 관계

(4) 현지 그리스도인들과의 관계

(5) 향수병

(6) 가족 문제

보다 다양한 응답 가능성을 섞어서 설문의 문항을 제시했지만, 내가 받은 응답은 앞서 언급한 장로교 설문지를 통해 받은 응답과 아주 흡사했다. 구체적인 설문에 응답한 23명의 메노나이트 선교사 중 12명이 경건한 삶의 추구가 제일 큰 문제였다고 답했다(이 문제가 두 번째 문제라 답한 이는 6명이었다). 그밖에 피곤함을 5명의 선교사가 가장 큰 문제라고 답했다. 분명한 것은, 메노나이트 선교사들도 장로교 선교사들과 마찬가지로 자신들이 원한 것만큼 영적이지 않다고 생각한다는 점이다.

이 모든 것은 선교사가 덜 세상적이길 바라는 사람들의 기대가 뒷받침되는 것 같다. 선교사에게 허용된 유일한 세상적인

것은, 차츰차츰 세상적인 것과 멀어지는 과정에서 겪게 될 어려움뿐인 것 같다.

나는 갈수록 영성에 대한 이런 관점을 받아들이기가 어려워진다. 영성이나 경건한 삶은 세상과 거리를 둔 채 자신을 충전하여 다시 세상으로 나가는 것을 의미하는 듯 보인다. 이는 배터리로 달리는 자동차를 연상시키는데, 밤새 충전된 배터리의 연료가 모두 소모되어 정지할 때까지 낮 동안 달리고 또 달리는 것이다. 더 멀리 가기를 원한다면 더 오랜 시간 충전을 해야 한다. 이를 영적인 영역에 적용해 보면, 긴 시간 동안 영적 훈련을 하면 다음 날 달릴 힘이 축적된다는 것이다. 저녁 전 배터리가 방전된 것이 보인다면, 다음 날 아침 영적 배터리를 더 오래 충전해야 함을 의미한다.

이러한 시각에서 볼 때, '진정한' 그리스도인의 삶은 일상적 삶의 번잡스러움에서 벗어나 소위 영적인 순간들로만 구성되어야 한다. 물론 소란스러운 삶은 실제로 영적인 삶과는 상반된다. 소란스러운 삶이 그동안 비축해 놓은 영적 자원을 소진해 영적 능력이 바닥나게 하므로 영성에 위협이 되기 때문이다. 그래서 천사의 음식만을 먹으며 살기 원하고, 이 세상의 일들에는 가능한 관여하지 않으려 한다.

레슬리 뉴비긴(Lesslie Newbigin)은 이것을 "천로역정 모델"이라고 부른다.[1] 이 모델은 세상과의 명확한 분리와 '사악한 성읍'으로부터 도피하는 것을 중요하게 생각하며, 그리스도인들에게 세상은 꼭 피해야 할 전염병의 근원지와 같은 것이기에 기본적으로 위협을 의미한다. 그러므로 구원받는 것의 핵심적 의미는 **이 세상으로부터의** 구원이며, 영성이란 이 세상을 벗어나 저세상에 속하는 것을 의미한다.

영성에 관한 이러한 관점의 기본적인 문제는 이것이 그리스도 가현설(假現說, docetism)의 주장과 같다는 것이다. 가현설은 근본적으로 물질은 악한 것이라는 생각에 기반을 둔다. 따라서 이러한 시각으로 본다면, 그리스도는 오직 신의 성품 한 가지만을 가졌다고 보기 때문에 단성론(單性論, Monophysite)이라 할 수 있다.

하지만 나는 반드시 영성이란, 다른 방식으로 재정의되어야 한다고 생각한다. 따라서 논의를 더 진행하기 전에 재정의를 해야 할 필요가 있다. 그렇지 않으면 우리는 우리가 무엇을 논의하고 있는지조차 알지 못할 수 있다.

물론 지금 단계에서 참된 영성에 관한 포괄적 정의를 내리는 것은 불가능하다. 이 정의의 요소는 논의를 진행해 나가야만 점차 윤곽이 드러나게 될 것이다. 나는 바울이 고린도 성도들에게 보낸 두 번째 편지를 자세히 살펴보는 것으로 논의를 진행할 수 있다고 생각한다. 그것은 고린도후서야말로 어떤 기준에서 보더라도, 선교사의 영성에 관해 지금까지 출판된 것 중 최고의 사례 연구라 할 수 있기 때문이다.

하지만 고린도후서의 핵심 구절을 자세히 살피기 전에 먼저 우리가 이해하는 영성에 대한 일반적이면서도 예비적인(preliminary) 개요를 정리할 필요가 있다.

영성의 정의에 있어서 가장 기본적인 원칙은 영성이란 배터리로 작동되는 자동차의 비유가 보여주듯, 우리 존재의 나머지 부분들과 분리된 어떤 것이 절대로 될 수 없다. 성경에서도 '육체'와 '영'을 서로 분리된 두 가지로 다루지 않는다. 마치 기도하는 것은 영적인 영역, 일하는 것은 세상의 영역이라 여기듯, 외적 영역은 세상적이며, 내적 영역은 세상을 초월하는 것이라 구분해서는 안 된다는 것이다. 아니, 성경은 영과 육에 대해 이렇게 말한다. 우리 존재의 두 가지 양상이며 삶의 두 지향(two life orientations)이라고 말이다. 영적인 존재가 된다는 것은 우리가 기도하든 일하든 그리스도 안에 존재하는 것을 의미한다. 영성은 명상이 아니며 또한 세상으로부터의 도피도 아니다.

그러므로 "천로역정 모델"은 출발점이 세상일에 관여하지 않고 도피하는 것이기에 영성이 의미하는 바를 제대로 묘사한다고 볼 수 없다. 이 모델은 뉴비긴이 말하는 "요나 모델"로 보완되어야 한다. 요나 모델은 성읍으로부터 도피하는 것이 아니라 하나님으로부터 그 성읍의 한복판으로 그리고 혼잡함 속으로 보내심을 받는 것이다.

보다 정확히 설명하자면, 두 모델(천로역정 모델, 요나 모델)은 절대 분리할 수 없기에 상호 보완할 수도 없다. 세상에 관여하기 위해서는 하나님과의 관계 그리고 그를 의지하는 마음이 깊어짐을 전제해야 하며, 이렇듯 깊어진 관계로 세상에 대한 개입을 점점 늘려가야 한다. 캘커타의 테레사 수녀와 그녀가 이끌던 선교회(Missionaries of Charity)가 이 점을 매우 잘 보여준다. 그녀는 가난한 사람 중에서도 가장 가난한 이들을 보살피는 것이 곧 그리스도의 몸을 돌보는 것이라 말한다. 사심 없는 헌신으로 다른 이들에게 우리의 사랑을 쏟아붓는 것은 기도의 한 형태이다. 기도하기 위해 사랑을 멈출 필요도 없고, 사랑하기 위해 기도를 멈출 필요도 없다. 영성이란 온전히 스며들어 가는 것이다.

그러나 영성에 대한 이러한 견해를 유지하는 것은 가장 실천하기 어려운 일 중의 하나이다. 그리고 내 생각이 틀리지 않는다면, 천주교인들보다 개신교인들에게 더 어려운 일이다. 개신교인들은 종교개혁의 영향을 깊이 받은 탓에, 하나님과 인간을 우리의 사랑과 헌신을 받기 위해 서로 다투는 경쟁자로 생각하는 전통 속에 성장했다. 우리는 때로 하나님의 영광을 너무 강조한 나머지 하나님께 영광 돌리기 위해 사람을 무시할 수도 있다고 여기는 경우가 있다. 나는 이러한 왜곡이 결코 의도된 것이 아님을 알고 있다. 사실 성경은 정반대로 가르치고 있음이 분명한데도 실제 그런 일이 종종 일어나는 것이 현실이다 (참조. 마 22:37-40; 요일 4:20). 이러한 왜곡은 개신교만의 새로운 형태로 혼합된 특정한 경건주의가 발전하고 번창하게 했다. 이 경건주의는 마치 사람에 대한 긍휼함 없이도 하나님께 영광 돌리는 것이 가능한 것처럼 여기게 하여 하나님이 영광을 받으시기만 한다면 사람에 대한 고통은 외면할 수도 있다는 태도를 보여왔다!

물론 최근에 극적인 상황 변화가 있었는데, 많은 교단이 자신들의 사랑과 섬김에 있어서 비극적인 실패가 반복됨을 깨달았다. 수 세기 동안 그들이 개최한 수많은 공의회를 통해 정통(orthodox)신앙의 올바른 형태가 무엇인지에 대한 논의는 계속되었지만, 올바른 사랑(마 22:37-40)이 무엇인지를 논의한 적은 단 한 번도 없었다는 사실을 자각하게 된 것이다. 하지만 지금껏 사역에서 찾아보기 어려웠던 사각지대를 발견하고 눈을 뜬 그들은 그간 무시해 왔던 이 영역을 회복하기 위해 노력 중이다. 이렇게 힘써 노력하는 중에 오히려 사역의 방향이 때로는 시계추처럼 완전히 반대편으로 넘어가는 부작용이 생기기도 한다. 우리는 아직도 단성론자처럼 이쪽 아니면 저쪽을 택하는데, 이전엔 그리스도 안에 있는 신성만 인정하더니, 지금은 인성만 인정하는 것이다. 영성을 전적인 세상으로부터의 도피인 것처럼 정의를 내렸다가, 지금은 오로지 세상에 대한 적극적인 관여만이 전부인 듯 정의한다. 이전엔 교회와 세상을 분명하게 구분했다면 지금은 교회와 세상 간의 긴장이 말끔히 없어진 상태이다. 마찬가지로 복음 역시 교회와 세상 사이에 어떠한 긴장도 없다. 이전엔 전적으로 종교적 메시지가 복음의 주였다면, 지금의 영성은 완전히 세속적인 메시지가 된 채 개념 자체가 사라졌거나 세속적인 인도주의와 동의어가 되었다.

그렇다면 어떻게 해야 이러한 곤혹스러움에서 벗어날 수 있을까? 여기서 한 가지만을 선택해야 할까? 우리는 이 둘 사이에서 어느 쪽으로도 기울지 않는 균형 상태를 멋진 해결책으로 제시하는 경우가 적지 않다. 어느 쪽도 너무 크거나 너무 작지 않은 상태를 생각하는 것이다. 세상으로부터의 도피도 잘하고 세상에 적극적으로 관여하는 것도 잘한다면 모든 것이 순조로

울 듯 보인다. 그러나 이러한 균형은 새로운 형태의 자기기만이 되기 쉽다. 1952년 룬드(Lund)에서 열린 "신앙과 직제"(Faith and Order) 위원회는 이를 인식하고서 아주 정확하게 교회는 언제나 그리고 동시에 "세상으로부터 구별되게 부르심을 받았고, 또 세상으로 보냄을 받은 것이다"라고 말하였다. 이 둘은 따로 분리된 두 가지 움직임(movements)이 아니라 하나의 움직임이다. 그러므로 둘 사이에는 균형이 아닌 긴장이 필요한 것이다. 즉 평형을 이루는 것이 아니라는 말이다. 더 정확히 말하면, 세상으로부터 구별되라는 부르심을 받은 교회는 세상으로 나아가고, 그렇게 세상으로 보냄을 받은 교회는 세상으로부터 그 자신을 구별되게 해야 한다는 것이다.

그러므로 영성은 천로역정 모델을 요나의 모델로 보완하는 것만으로는 충분하지 않다는 점을 다시 강조한다. 두 모델 모두 제3의 모델인 십자가의 모델로 대체되어야 한다. 어떤 의미에서, 십자가란 세상과의 완전한 동일시(identification)를 상징한다. 예수님은 그 어느 때보다 십자가 위에서 완전히 세상에 속하셨다. 그러나 다른 의미에서 본다면 십자가는 세상과 근본적으로 분리됨의 상징이기도 하다. 따라서 예수님은 십자가 위에서 그 어느 때보다 더 분명히 세상과 맞섰다고 할 수 있다. 이렇듯 동시에 두 가지가 함께하는 것이 영성이다.[2]

특별히 서양 사람들은 여기서 어려움을 느끼는 것 같다. 1965년 마지막으로 미국을 방문했을 때, 텔레비전에서는 종종 마틴 루터 킹의 시위행진 모습을 중계했다. 어느 날 밤 미국 백인 부부와 함께 텔레비전을 보고 있었는데, 마틴 루터 킹과 함께 거리에서 행진하던 모든 사람이 갑자기 무릎을 꿇고 기도하는 장면이 나왔다. 그때 백인 부부는 그들이 어떤 효과를 얻기 위해 미리 계획하고 꾸며 낸 행동이라 말했다. 하지만 킹에게 그것은 진실하고 자연스러운 일임이 분명했다. 우리 서구인들의 문제는 일반적으로 경건한 사람들은 정치적 성향이 없고, 정치적 성향이 있는 사람들은 경건하지 않다고 생각하는 것이다. 정치와 기도는 섞이지 않는다! 이것은 마음 깊은 곳에서 우리가 헬라의 영적 조상들의 생각을 충실하게 따르는 이원론자로 남아 있다는 것을 보여준다. 사람을 **정신**(*psyche*)과 **육체**(*soma*)로 나눌 수 없다는 것과 많은 질병이 이 둘 모두와 관련이 있다는 것을 인류가 깨닫기까지는 오랜 세월이 필요했다. 우리는 어떤 질병을 '심신'(psychosomatic)의 병으로 묘사할 만큼 엄청난 발전을 이루었다고 생각하지만, 이런 복합단어 자체가 이분법적인 사고를 제대로 극복하지 못했음을 보여준다. 이분법을 극복하지 못한 것은 신학도 마찬가지인데, 바로 이것이 우리가 서로를 쉽게 희화화(戲畫化)하는 원인이 된다. 어떤 한 그룹에 속한 사람들은 세상을 긍정한다고 하여 싸구려 복음을 판다는 소리를 듣는다. 두 번째 그룹은 힘겨운 삶의 현실에서 도피하려 하므로 모호하고 비현실적이라는 비난을 받는다. 그런가 하면 세 번째 그룹은 많은 양의 성경 연구와 많은 양의 기도를 그들의 실존적 존재라는 반죽과 잘 섞어서 균형 잡힌 칵테일 기독교를 만들려 한다. 실제로는 가장 비천해 보이는 활동에 가장 진실한 경건이 스며들 수 있고, 가장 열성적인 기도가 전적으로 세속적일 수도 있다.

선교사들은 책임에서 벗어나기 위해 흔히 기도를 사용하는 경향이 있다. 우리는 심각한 문제가 생기면 너무나 쉽게 "내가 그 일에 대해 기도드렸으니 이제 하나님 손에 달렸어"라고 말한다. 이것은 아주 경건하고 순종적인 것처럼 보이지만, 실제로는 현실에 직면하고 싶지 않은 마음을 은폐하려는 것일 수도 있다. 때로는 동료 두 사람 사이에 오해가 생기면 그 일에 대해 기도하자 할 수 있다. 물론 기도는 권장할 만한 것이고 필요하기도 하다. 하지만, "기도는 모든 것을 변화시킨다"라는 구호에 따라 기도하는 것이 마치 마술적 주문이나 만병통치약처럼 여겨질 때, 진정한 영성은 미신으로 바뀐다. 그리고 실제로는 아무런 변화가 일어나지 않아 동료들이 갈라서는 경우가 너무나 많다. 우리는 가장 거룩한 순간마저도 여전히 이기적인 성향을 지닌 죄인의 상태에서 벗어나지 못한다. 그래서 우리는 단지 우리의 청사진에 대해 하나님의 승인을 받았다는 속임수로 기도를 이용하는 것이다. 대부분의 자동차 사고는 이기주의 때문에 일어난다고 한다. 대부분 기도의 사고도 마찬가지이다.

그러므로 우리는 지금 영성에 대한 새로운 이해, 즉 우리가 지금까지 갖고 있던 것보다 더 깊고 폭넓은 이해가 필요하다. 이는 특히 선교사들에게, 더 구체적으로 말하자면 오늘날의 선교사들에게 더욱 절실한 것이다. 다른 사람들(때에 따라서는 자기 자신까지)이 선교사들을 영적 거장으로 생각하던 시대는 지나갔다. 지난날 선교사들은 무의식적으로 좋은 인상을 주고 대단하게 보이고 싶어 온갖 계략을 쓰며, 자신의 약점을 최대한 감추기에 급급한 일이 많았다. 하지만 이러한 거짓된 이미지가 더는 용납되지 않는다. 왜냐하면 오늘날의 선교사들은 세상에 가장 많이 노출된 사람들이기 때문이다.

여기서 선교 중단(moratorium)이라는 이슈를 다루는 것은 적절하지 않지만, 이 이슈를 계속 마음에 담아두지 않는다면 선교사의 영성을 깊이 반추할 수 없다.

사실, 오늘날 선교사의 정당성, 즉 '선교사는 무엇을 하는 사람이며 무엇을 위해 존재하는가'에 대해 의문을 갖는 경우가 많다. 제 3 세계(선교지—역자 주)뿐만 아니라 선교사 자신의 모국에서도 그러한 의문이 널리 제기되고 있다. 몇 년 전 한국에 있는 미국인 선교사가 다음과 같이 불평했다.

> 우리들의 아버지 시대에는 선교사가 귀국하면 개선장군처럼 환영을 받았다. 그때 선교사는 영웅이었다. 하지만 오늘날에는 반(反) 영웅(anti-hero)이다. 심지어 교회에서조차 미개한 구시대로 돌아간 인물이라는 의심의 눈초리를 받는다.[3]

선교사업의 타당성이 모국이나 해외에서나 의심을 받는 처지라면, 선교사 자신도 머지않아 의심에 사로잡혀 과연 사역을 계속할 것인가 스스로 묻지 않을 수 없게 될 것이다. 수십 년 동안 영국의 성공회 선교회(Church Mission Society)에서 총무로 일해 온 맥스 워렌(Max Warren)은 세상을 떠나기 2주 전, 국제선교연구협회(International Association for Mission Studies, IAMS)의 사무총장에게 다음과 같은 편지를 보냈다.

> 선교사업은 의기소침해졌고, 끔찍한 실패를 맛보고 있습니다. 요즈음에는 선교사업의 진정성이 의심받고 있으며, 역사에 대한 오해도 널리 퍼지고 있습니다.[4]

이는 오늘날 선교 수행 명령(mandate)의 전반적인 침체를 반영하는 수많은 목소리 중의 하나에 불과하다. 국제선교연구협회(IAMS)의 실행위원회가 네 번째 콘퍼런스의 주제를 "선교에서의 신뢰와 영성"으로 정한 것은 이러한 상황에 대한 한 가지 대응으로 나온 것이다.

방금 인용한 맥스 워렌의 편지에서 의기소침하지 않은 그리스도인들은 가장 보수적인 그룹, 특히 북미의 보수주의자들뿐인 것 같다고 거론한 것이 흥미롭게 들릴 수도 있다. 하지만나는 이런 워렌의 생각에 완전히 동의할 수 없다. 그는 의기소침한 것에 맞서는 유일한 대안이 의기소침하지 않는 것뿐이라주장하는 것 같은데, 이렇게 구분 짓는 것은 세심하지 못한것으로 생각한다. 광범위하게 의기소침함이 나타나는 상황에서, 마치 어떤 강경한 주장으로 대응하기만 하면 이 문제를한 번에 영원히 해결할 수 있을 것이란 생각은 잘못되었다. 그렇다. 선교사업은 그 일의 본질상 언제나 논쟁거리일 수밖에없다. 역사적으로 선교사업이 거의 도전받지 않는 것처럼 보이던 시기에도, 선교는 기독교 신앙을 전하는 것이 아닌, 종교나문화 또는 이데올로기를 전하려는 치명적인 위험에 늘 노출되어 있었다.

내가 다소 망설이면서까지 여기서 말하려는 것이, 고린도 교회에 보낸 바울의 두 번째 편지를 살펴봄으로써 더욱 분명해질 것으로 기대한다. 일찍이 선교사업이 논쟁거리가 되고 선교사가 도전받는 일이 있었는데, 그것은 고린도에서였다. 나는 바울과 우리의 상황 사이에 대단히 유사한 점이 많다고 생각한다. 왜냐하면 우리는 "무명한 자"(unkown men)라고 말하는데(고후 6:9), 실제로 그것은 그와 그의 동료 선교사들이 거부당하고 존경받지 못했음을 보여준다. 그들이 문자적인 의미 그대로 무명했다는 말이 아니란 것이다. 그는 결국 무명한 자 같으나 "유명한 자요"라는 말을 덧붙여서, 실은 모두가 자신들을 알고 있다고 말한다! 핵심은 다른 사람들이 바울과 그의 동료들을 대수롭지 않게 대하려고 했다는 것이다. 그들은 철저히 무시되고 폄하되었다. 하지만 바울의 경우 이 모든 것들로 인하여 낙담하거나 자기연민에 빠지지 않았다는 것이 고린도후서의 핵심 메시지 중 하나이다. 바울이 바로 그런 상황 속에서도 승리한 것은 그가 가진 영성의 진정성을 보여주는 징표이며 우리에게 도전이 된다.

그렇지만 바울의 영성은 절대 변치 않을 그의 영원한 자질이거나, 소유물 또는 성취가 아니다. 바울의 영성은 그의 내면에서 거듭거듭 새로워졌다. 고린도 교회에 편지를 쓰면서 그의 영성은 한 장 한 장 넘어갈 때마다 발전했고, 펼쳐져 나가며 더 깊어지고 성숙해졌다. 그의 영성은 고정된 것도 아니었고, 완성되지도 않았으며, 한 단계에서 다음 단계로 옮겨가는 여정 가운데 있는 것이었다. 바울은 적어도 그의 진실된 최종 목적지에 이르기 전에는 '도착'했다고 생각하지 않았다. 그의 영성은 수도원의 영성이 아니라 길의 영성인 것이다.[5]

그리고 바울의 영성에는 동요나 들뜸의 흔적이 보이지 않는다. 그는 많은 외적인 압력들과 매일 그를 짓누른다고 고백한 책임들, 모든 교회를 위한 염려(고후 11:28)에도 불구하고 자신을 쉴 새 없이 몰아치지 않았다. 앞에서 내가 메노나이트 선교사들에게 배포한 설문지를 통해 드러난 사실 가운데, 가장 어려운 것이 '경건한 삶을 추구하는 일'이었다. 그다음 특별히 어려운 것이 바로 '피곤함'이었는데, 아마도 과중한 일 또는 짓누르는 책임감 때문일 것이다. 만일 나 자신이 설문에 응답했다면 이 둘 중 어떤 것이 더 큰 문제인지를 고민했을 것이다. 그러나 내가 잘못 이해하지 않았다면 바울은 이러한 것들에 대해 다르게 대처한 것 같다. 그는 "우리가 사방으로 우겨쌈을 당하여도 싸이지 아니하며 답답한 일을 당하여도 낙심하지 아니하며 박해를 받아도 버린 바 되지 아니하며 거꾸러뜨림을 당하여도 망하지 아니하였다"(고후 4:8-9)라고 말한다. 또한

"우리가 죽은 자 같으나 살아 있고 징계를 받는 자 같으나 죽임을 당하지 아니하고 근심하는 자 같으나 항상 기뻐한다"(고후 6:9-10)라고 말한다. 이처럼 바울의 사역에는 늘 온전한 평온함이 전반적으로 스며들어 있었다.

우리가 처한 상황은 이 메시지가 꼭 필요할 만큼 절박하다. 그것은 선교사들이 두 가지 차원에서 위험에 직면해 있기 때문이다. 하나는 과도한 활동이고, 다른 하나는 절제하지 못하는 것(loss of discipline)이다. 후자를 먼저 다루어 보겠다. 선교사들에겐 지나친 긴장 상태에서 벗어나 쉬엄쉬엄하고픈 무서운 유혹이 늘 존재한다. 우리의 타고난 성향으로 인해 활력을 잃고 열정이 식어버리는 것은 쉽게 일어나는 일이다. 선교사들이 사는 사회는 이러한 성향을 더 강화하는 경우가 많다. 많은 선교사에게 치열한 경쟁에 치일 것이 뻔한 모국에 돌아가는 것보다 선교지에 그대로 남아 있는 것이 훨씬 더 쉬운 선택이라는 것은 부인할 수 없는 사실이다. 많은 선교사에게 모국으로 돌아가는 것은 희생일 수 있다. 선교사들은 부담이 가장 적은 길을 택하여 선교지에 그대로 남아 있는 경우가 상당히 많다. 예를 들어 안수받은 선교사들의 설교가 모국에서라면 결코 용납될 수 없을 만큼 허술하게 준비된 경우가 비일비재하다. 내가 걱정하는 것은 선교사들이 다른 여러 사역도 이런 식으로 하는 것이다.

몇 년 전 첫 임기에서 실패한 선교사들의 118 가지 사례를 연구한 적이 있다. 그 연구에는 다양한 규모의 11 개 선교사 파송 단체들이 제출한 보고가 포함되었으며, 그 보고에는 주요한 모든 분야가 포함되어 있었다. 이 연구를 수행한 고든 프레이저(Gordon Frazer)는 선교사들이 실패한 원인을 12 가지 범주로 구분하였다. "매일 매일의 자세한 사역 활동에 관한 올바른 계획을 세운 후 이를 실행할 능력이나 의지가 없는 경우"가 첫 번째 임기 동안 실패하는 이유의 10%를 차지했다. 이와 관련한 영역으로는 "~보고서를 준비하면서 부주의하거나 얼버무림", 그리고 "~에 대해 만족할 만한 수준의 정리능력이 부족하여 선교 사역에 대한 검토가 필요함"이 포함되어 있다. 위의 세 영역을 합하면 22%가 되는데, 실패 원인의 약 4 분의 1 을 차지한다. 이 세 영역은 "자기절제 부족"이라는 하나의 하부 영역으로 묶을 수 있을 것이다.

이 연구는 첫 번째 임기에서 실패한 선교사들만을 대상으로 한 것인데, 추측건대 선교지에 오래 남아 있는 선교사들을 대상으로 좀 더 심층적인 연구를 한다면, 문제가 더욱 중대함을 알게 될 것이다. 많은 선교사가 심각하리만치 판에 박힌 일을 하는데, 심지어 거기서 벗어나는 것이 불가능한 것처럼 보인다. 어떤 사람은 말하기를 "판에 박힌 일을 하지 않도록 주의해야 한다. 판에 박힌 일을 하는 것은 실제로 죽어가고 있는 것이나 마찬가지다!"라고 하였다. 오래전에, 어떤 배 안에서 한 중국 노인이 선교지로 처음 들어가는 젊은 미국 선교사에게 말했다.

> 첫 임기 동안에 당신은 거기서 기독교 선교사로 살 것입니다. 두 번째 임기 동안에는 그리스도인으로 살게 될 것이고, 세 번째 임기 동안에는 그냥 외국에서의 삶을 즐기는 또 한 사람의 미국인으로 살게 될 것입니다.

우리 중에 이처럼 살지 않는 선교사가 얼마나 될까? 선교지에 첫발을 내딛던 열정과 이상 그리고 불꽃 같던 눈빛을 오래전에 잃어버린 것은 아닌가? 이제는 마냥 안락함 속에 그럭저럭 지내고 있지는 않은가?

그러므로 우리가 직면하는 첫 번째 위험은 자제력을 상실하고 편안히 기름칠 잘 된 틀 속으로 미끄러져 들어가는 것이다.

두 번째 위험도 그 못지않게 심각한데, 과도한 활동과 과도한 관여가 바로 그것이다. 지역 개발, 사회사업, 가르치는 일과 설교, 건강 관리 또는 행정 등의 일에 몰두하여 정신없이 바쁘게 지내느라 판단력은 사라지고, 심지어 제정신이 아닐 수도 있다. 우리는 아직 못다 한 일에 대한 부담으로 책임을 다하지 못했노라 자책하며 자신을 계속 몰아붙이곤 한다. 그렇게 되면 그리스도인으로서 누려야 할 삶의 기쁨을 잊고 만다. 우리 삶에 악과 불의, 어둠과 비열함에 처절히 맞서 싸우는 일이 빈번히 일게 되면 모든 사역의 전제조건이 되는 마음의 평화를 빼앗기는 것을 스스로 허락한 셈이 된다. 그것은 사역을 시작하게 된, 또한 우리 힘의 주된 원천이 되어야 할 따뜻하고도 친밀한 사랑으로부터 쉽사리 멀어지게 만든다. 우리가 선교지에 존재하며 어느 정도의 신뢰와 정당성을 인정받기 위해 일을 하고, 업적을 쌓고, 베풀기 위해 우리 스스로 다그치고 있다고 여긴다. 하지만 그러는 중, 일 속에 깊이 파묻히기에 사람들은 우리가 어떤 사람인지 알기가 극도로 어려워진다. 우리는 사람들로부터 오해받는 것이 두려워 그들이 원하는 바를 거절하는 것을 불가능한 것으로 생각한다. 그렇게 다른 사람들의 인정을 받기 위해 필사적으로 일에 매달리면서, 그것만이 자신의 존재를 정당화할 수 있는 유일한 길이라고 생각한다. 하지만 이 과정에서 우리는 우리의 행위가 아닌 믿음으로 의롭다함을 얻으며, 따라서 다른 사람들의 인정을 받으려 애쓸 필요가 없다는 핵심 교리를 무시할 위험에 처하게 된다.

우리가 직면한 두 가지 위험을 살펴보았다. 판에 박힌 생활에 스스로 만족하며 완벽하게 마음의 평화를 누리려 할 수도 있고, 쉬지 않고 자신을 혹독하게 몰아붙일 수도 있다. 그런데 이와는 다른 제3의 길이 있는데, 다른 이를 위해 우리 자신을 온전히 내려놓음과 동시에 주님의 평안을 누리는 것, 그 중간 어디쯤 부드러운 긴장감을 가지고 살아가는 것이다. "누구든지 나를 따라오려거든 자기를 부인하고 자기 십자가를 지고 나를 따를 것이니라"(마 16:24)라고 말씀하신 예수님은 또한 "수고하고 무거운 짐 진 자들아 다 내게로 오라 내가 너희를 쉬게 하리라"(마 11:28)고 말씀하시기도 하였다. 다시 말하지만, 이것이 바로 동시적인 '이중 활동', 즉 세상으로 들어가며 동시에 세상 밖으로 나오는 것이다.

사도 바울은 진심으로 자신의 연약함을 자랑할 수 있었기에 이 비밀을 알 수 있었다. 이 연약함은 때로 단순한 게으름 혹은 관여하는 것의 두려움을 완곡히 표현한 것이 아니라, 우리 자신의 한계와 무능력을 긍정적으로 받아들이고 주님께서는 우리가 그런 존재인 것을 개의치 않으신다는 것에 대한 신뢰를 보여주는 것이다. 어떤 사람이 밤중에 "오늘 제가 끝마칠 수 있었던 일을 마치지 못했지만 이마저도 주님께 감사합니다"라고 기도했다. 물론 당연히 최선을 다해야 하는 데 그렇게 하지

않았다면 이런 기도를 드릴 수 없을 것이다. 하지만 지나치리
만큼의 큰 대가를 지불하고도 마무리하지 못한 일이 남아 있다
면, 당연히 그렇게 기도할 수 있을 것이다.

그렇다. 오늘날 선교사가 되려면 치러야 할 대가가 너무 크
기에 필연적으로 중요한 많은 일이 늘 남아 있게 마련이다.
다른 나라에서 낯선 외부인이면서 동시에 내부인이 되어 그
나라와 그곳 사람들의 일부가 되는 것, 일가친척과의 유대를
포기하는 것, 다른 언어가 나의 언어가 될 때까지 배우는 것,
다른 민족의 어려운 처지와 필요를 자신의 것으로 받아들이고
동일시하는 것 등이다. 이 모든 일과 그 밖의 더 많은 일이
결코 쉬운 것이 아니며, 아무나 가볍게 감당할 수 있는 것이
아니다. 그럼에도 불구하고 이러한 책임들을 감당할 수 있는
길은 바울이 취한 방법을 따르는 것뿐이다. 그렇지 않으면, 어
떤 식으로든 늘 위험한 상황으로 들어갈 수 있다.

고린도 교회를 향한 바울의 두 번째 편지를 연구한 다음 경
계해야 할 것이 있는데, 오늘날의 선교사 영성을 위한 일종의
청사진으로 너무 쉽게 사용하지 말아야 한다는 것이다. 바울과
그의 동역자들이 경험한 것은 그들의 시대와 상황 속에서 이루
어진 것이며, 우리가 직면한 오늘날의 상황과는 많이 다르기
때문이다. 그 경험을 오늘날의 상황에 일대일로 적용할 수는

없다. 하지만 바울 서신을 통하여 우리 자신과 문제점에 대해 충분히 인식한다면 현시대를 사는 우리에게도 도움이 될 수 있을 것이다. 바울과 그의 동역자들처럼 우리는 모두 값을 매길 수 없을 만큼 귀중한 보물을 담은 질그릇보다 나을 것이 없다. 또한 바울과 마찬가지로, 선교사로서 하는 일 가운데 임하는 초월적인 능력은 우리 자신에게서 나온 것이 아니라 오로지 하나님으로부터 오는 것임을 알고 있다(고후 4:7).

2

잡상인인가, 사로잡힘의 기쁨인가?

(고린도후서 1:15-2:17; 11:1-6, 12-15)

고린도후서의 중심 주제는 바울의 사도로서의 사역 정당성으로, 고린도 교회에 잠입한 거짓 '사도들'의 비난에 대한 바울의 변론이다. 다른 관점에서 본다면 이 서신의 중심 주제는 선교사의 진정한 영성 탐구라고 할 수 있다. 이러한 초점은 이 서신이 지극히 사적이라는 것을 말해준다. 여기서 놀랄만한 점은 이 서신에는 교리적인 것에 관한 논의가 전혀 발견되지 않는다는 것이다. 그러므로 기독교 신학 발전에 있어서 고린도후서는 로마서, 갈라디아서, 고린도전서에 필적할 만한 기여도는 전혀 없다고 봐도 무관하다.

그러나 오늘날의 선교사들에겐 바울의 다른 어떤 서신들보다 고린도후서가 더 가깝게 느껴질 것이다. 여기에서 바울은 우리와 대단히 흡사한 사람이며, 결코 거인이라 할 수 없다. 대적들이 볼 때 오히려 그는 거인과는 거리가 먼 매우 연약한 사람이며 모든 면, 심지어 그가 그리스도께 인도한 바로 그 사람들로부터도 오해를 받는 처지였다.

우리는 바울의 대적이 누구였는지 확실히 알지 못한다. 그저 그의 첫 번째 편지에서 바울파, 아볼로파, 게바파, 그리스도파와 같이 고린도에 서로 대립하는 몇몇 당파가 있었음을 알 수 있을 뿐이다(고전 1:12). 아마도 고린도후서에 나타난 그의 대적들은 이 그룹 중 하나와 관련이 있으며, 첫 번째 편지가 완성된 이후에 고린도에 도착했을 것으로 보인다. 고린도후서에 나타난 설명되지 않은 참고문헌과 암시를 통해 미루어 볼 때 그들은 영지주의자였던 것이 확실해 보이는 경우도 있고, 또는 헬라파 유대인 순회 설교자 그룹인 것처럼 보이기도 한다. 그러나 우리의 주제를 다루는 데 있어서 그들의 정체가 무엇이었는지는 그다지 중요하지 않다. 오히려 **중요한 것**은 복음, 보다 구체적으로는 바울의 사역에 대해 그들이 어떻게 이해하고 있었는가 하는 것이다. 바울은 그들이 "다른 예수"와 "(이미 고린도 교회가) 받은 것과는……다른 복음"을 전파하고 있다는 점을 확신하고 있었다(11:4). 그는 그들을 "거짓 사도요 속이는 일꾼이니 자기를 그리스도의 사도로 가장하는 자들"(11:13)이며 스스로 "광명의 천사로 가장하는" 사탄의 일꾼들(11:14, 15)이라고 하였다.

여기서 우리는 바울의 태도가 오늘날의 많은 편협한 전도자들의 전형이라 말하고 싶은 유혹을 받는다. 전도자들은 자신들의 동기와 접근 방식을 그리스도의 것과 동일시하며, 자신들이 중요하게 생각하는 것을 인정치 않는 다른 모든 이들을 정죄한다. 그러나 이 경우는 분명히 다른데, 고린도후서를 빌립보 교회에 보낸 편지와 비교할 때 알 수 있다. 여기서 바울은 다음과 같이 말한다.

어떤 이들은 투기와 분쟁으로, 어떤 이들은 착한 뜻으로 그리스도를 전파하나니 이들은 내가 복음을 변증하기 위하여 세우심을 받은 줄 알고 사랑으로 하나 그들은 나의 매임에 괴로움을 더하게 할 줄로 생각하여 순수하지 못하게 다툼으로 그리스도를 전파하느니라 그러면 무엇이냐 겉치레로 하나 참으로 하나 무슨 방도로 하든지 전파되는 것은 그리스도니 이로써 나는 기뻐하고 또한 기뻐하리라 (빌 1:15-18).

나는 사람들이 어떤 선교사를 거부하거나 반대할 때 그런 일을 당한 선교사가 "나는 그 상황을 제 십자가로 받아들일 수밖에 없습니다. 알다시피 그리스도의 사자(使者)는 결국 그가 주장하는 것 때문에 고난을 겪게 되어있으니까요"라고 말하는 것을 들었다. 이 말은 대단히 경건한 것처럼 들리지만 반드시 그런 것은 아니다. 많은 경우, 우리가 반대에 직면하게 되는 것은 우리가 선포하려는 복음과는 전혀 상관이 없고, 자신의 됨됨이와 관련이 있다. 그렇지만 바울은 자신의 완고함과 죄악으로 인해 받게 되는 고난과 예수 그리스도에 대한 충성에서 비롯된 고난을 구분할 수 있었다. 고린도에 보낸 두 번째 편지의 전체 요지는 사도 자신의 개인적 특성보다 훨씬 더 중요한 것을 담고 있다.

우리는 앞으로 바울과 거짓 사도들 사이의 논쟁을 여러 차례 더 다루게 될 것이다. 이 단계에서는 바울에 대한 비난 몇 가지에 주목하고자 한다. 이들은 추천서를 가져올 만큼 나름대로 잘 준비된 사람들이었으며, 고린도 교회 성도들에게 뛰어나 보이는 종교를 제시하여 순식간에 큰 영향을 미칠 수 있었다. 그들은 유대인임과 동시에 "그리스도의 일꾼"(11:23)이라 주장했는데, 자신들이 뛰어난 연설가이며 대단히 영적인 사람들이라는 것에 대한 증거로 특별한 비전과 계시를 받았음을 자랑했다. 그들은 바울이 고린도 방문계획을 변경했다며 변덕스럽다 비난했고(1:17), 교활하여 혼잡스럽게(4:2) 만들며, 가려지거나 모호한 복음을 전한다(4:3)고 했다. 그뿐이랴? 고린도 사람들을 떠나 있으면 담대하고, 대면하면 유약해져 말조차 시원치 않다(10:1, 10)고 평했으며, 육신을 따라 행하는(10:2) 것은 물론, 사도의 표도 없고(12:12), 그리스도께서 그 안에 말씀하시는 증거도 없다(13:3)고 하였다. 다른 어떤 것보다도, 그들은 바울이 나약하다고 비판하며 그의 건강이 좋지 않은 증거가 많다고 하였다. 그리고 그가 선포하는 그리스도는 하늘의 영광이 없으며, 그저 십자가에 못 박힌 연약하고 아둔한 피조물이라 비난했다.

바울과 이 "지극히 크다는 사도들"(11:5 과 12:11 에서 그가 이러한 표현으로 조롱하듯이 언급한 사람들)을 비교한 것을 볼 때, 그들의 말에 귀를 기울이는 고린도 그리스도인들이 많았던 것 같다. 고린도 그리스도인들과 바울 사이 그리고 그들과 그리스도 사이를 갈라놓으려는 시도가 있었다 볼 수 있다. 바울은 자신을 변호하는 초기 단계에서 그가 본래 예정한 대로 고린도를 방문하지 못하게 된 것은 그의 여정이 변경되었기 때문임을 밝힌다(1:15-2:14). 바울은 아름다운 문장으로 일정의 변경이 고린도인들의 생각처럼 변덕 때문이 아닌, 그들을 아끼기 때문이라 말했다(1:23). 또한, 행여 강요하는 것처럼 보일까 봐 자신을 대신하여 디도를 보냈다. 바울은 고린도 성도들에게 이 점을 설명할 때 명령하듯이 하지 않고 낮은 자세로 말하여 그들이 그 문제에 대해 잘 이해하도록 배려했음을 알 수 있다(1:23).

바울은 계획의 변경이 그가 독단적이거나 우유부단해서가 아니라 그리스도의 인도하심이 있었기 때문이라고 말했다. 또한, 본인 역시 그리스도에 사로잡힌 한 명에 지나지 않는다고 고백하며(2:14), 승리의 행렬 속에서 지속적인 인도함을 받는다고 하였다. 이 비유가 명확할지 모르겠지만, 전쟁에서 승리한 로마 장군이 번화한 거리에서 포로들과 함께 전리품들을 가득 싣고 개선 행진을 하는 것에 빗대어 얘기하는 것 같다(참조. 골 2:15). 물론, 일반적으로 그 포로들은 얼이 빠져 낙심한, 불쌍하고 비참한 모습을 보여준다. 그러나 바울은 이 편지에서 거듭 표현되는 역설적 이미지 중 하나를 제시한다. 바로 포로들이 기뻐하는 것이다! 그는 자신이 포로가 되어 겪는 역경에 관해 하나님께 영광을 돌린다! 그 상황의 심각성을 의식하지 못해서가 아니다. 사실, 그는 고린도전서에서도 같은 주제를 다루며 상당히 깊이 있는 설명을 했다. 포로들은 로마의 거리를 행진할 뿐만이 아니라 실제로 콜로세움(포로인 검투사와 맹수가 싸움하는 원형 경기장—역자 주)으로 향하여 가고 있다.

> 내가 생각하건대 하나님이 사도인 우리를 죽이기로 작정된 자 같이 끄트머리에 두셨으매 우리는 세계 곧 천사와 사람에게 구경거리가 되었노라(고전 4:9).

이 부분의 결정적 핵심은 바울이 모든 상황을 피할 수 없는 운명으로 마지 못해서가 아니라, 흔쾌하고 기쁜 마음으로 받아들였다는 것이다. 하지만 이러한 바울의 태도를 단순히 승리주의나 값싼 도취 상태로 해석해서는 안 된다. 바울과 거짓 사도들 사이에 결정적 차이점 중의 하나가 바로 이것인데, 거짓 사도들은 기독교 신앙을 승리주의적인 범주로 해석했지만, 바울은 정확히 그 반대 입장을 취한다.

여기서 갑자기 바울은 또 다른 은유를 제시하는데, 이는 그의 여러 서신에서 보이는 전형적인 생동감 넘치는 스타일로 묘사된다. 바울과 그의 동역자들은 행진 속의 포로들일 뿐만 아니라, 향을 지닌 사람들에 의해서 뿌려지던 향기이기도 하다(고후 2:14-15). 그런 승리의 행진에는 의례 향을 소지한 사람이 있었다. "하나님을 아는 지식"의 향기는 이런 방법으로 "드러나며 모든 곳으로 퍼지는" 것이다. 그것은 하나님의 영광을 위해 하나님께 피워 올린 향기("하나님 앞에서 그리스도의 향기", 15절)가 되며, 또 다른 면으론 향내를 맡은 사람들에게 결정적인 영향(15-16절)을 미치는데, 향기의 효과는 뒤에서 다시 다룰 것이다. 지금은 바울이 향의 개념을 희생의 개념과 자주 연관시킴을 오롯이 강조하려 한다(참조. 엡 5:2; 빌 4:18). 사실, 여기에 얽힌 두 은유는 한 가지를 말하고 있다. **기뻐하는 포로가 곧 향기로운 제사란 것이다.**

바울 사도 자신이 이러한 높은 **자질**을 가진 **능력자**이거나 자격을 갖추었다고 생각한다는 것이 아니다. 오히려 자신 앞에 놓인 엄청난 도전을 생각할 때 누구보다 부적절함을 절감한다. 그는 "누가 이 일을 감당하리오?"라고 말하는데, 이는 감당할 수 있는 사람이 "아무도 없다"라는 것을 강조하는 수사적 질문이다. 그러나 놀랍게도, 스스로 그리스도의 종이 되기에 합당하며, 능력도 있다고 믿는 사람들이 있다. 바울은 그들을 가리켜 '잡상인' 즉 "하나님의 말씀을 팔아서 먹고 살아가는 장사꾼"이라 칭했다(고후 2:17, 새번역). 실제로 그들은 사람들이 자신들의 메시지를 쉽게 받아들이도록 싸구려 복음을 전하는 거짓 사도들이다. 떠돌이 잡상인이나 행상들의 전형은 거래 중 그럴듯한 말로 상대를 유혹하는 것이다. 그들에게 상품의 진정한 가치는 중요하지 않다. 오로지 어떤 이득을 얻을 수 있을까만 생각한다. 형편없이 낮은 질의 물건을 경쟁자보다 싸게 파는 데만 골몰하는데, 그들은 이런 방식으로 이익을 보장받는 것이다.

바울이 여기서 말한 것은, 우리의 영성뿐만 아니라 우리의 선교사역 방법에 대해서도 도전이 된다. 서구의 기독교 선교가 잡상인의 승리주의를 버리는 데에는 긴 세월이 필요했다. 오랫동안 로마 가톨릭과 개신교 양쪽에서 선교사업의 전형이었던 낙관주의와 군사 용어는 이러한 사고방식을 잘 보여준다. 1910년에 에든버러에서 열린 세계선교대회의 예를 들어보자. 그 대회에서 반복적으로 사용된 용어들은 군사, 군대, 진격, 군인, 십자군, 전쟁, 행군 명령, 전략, 계획 등과 그와 유사한 많은 같은 것들이었다. 오늘날에도 우리는 전도 캠페인(군사 행동을 말하는 용어이기도 하다—역자 주), 십자군, 선교적 공세에 관하여 이야기하고 있다. 이런 용어를 사용하지 않을 때도, 우리의 행동은 이와 유사한 사고방식을 드러내는 경우가 적지 않다. 우리는 모든 문제에 대하여 분명하고도 깔끔한 답을 주어야 한다고 생각한다. 일본 신학자 코수케 코야마는 우리가 "해답 신학"(answer-theology)을 실천하고 있다고 말한다.[6] 얼마 전, 인도의 한 도시에서 대대적인 전도 '캠페인'이 "위세 좋게 시작되었다." 포스터에는 이렇게 씌어 있었다. "예수 그리스도가 답(answer)입니다!" 이 포스터 중의 한 장에 한 학생이 이렇게 낙서를 해놓았다. "좋습니다. 하지만 질문 (question)이 무엇이었죠?" 잡상인의 전형적인 사고방식은 사람들의 필요나 질문에는 관심이 없고 오직 자기가 팔려는 상품에만 관심이 있는 것이다. 이것은 마치 가가호호 방문하는 세일즈맨이 "이 제품은 당신의 모든 문제를 해결해 주는 만능"이라고 접근하는 것과 같다.

우리 또한 복음을 행복한 결말의 종교로서 제시하고 싶은 유혹을 느끼곤 한다. 안식년을 갖던 한 선교사는 "모국에서 내가 만나는 사람들은 할리우드식 마무리를 요구합니다"라고 불만을 털어놓았다. 문제는 우리 자신이 너무나 자주 그들이 원하는 것들을 제공하여 그들을 망쳐 놓았다는 데에 있다. 선교사업은 자본주의의 정신과 융합하여 불가분의 관계를 갖게 되었는데, 우리는 우리가 행하는 모든 일을 성공, 수익, 배당 등의 범주 안에서 생각하고, 그것을 선교사업에도 옮겨 놓았다. 그래서 우리는 구체적인 결과를 보고할 수 없을 때나, 다른 선교사들의 사역 현장에서 일어난 것과 같은 기적이 일어나지 않을 때, 멋지고 극적인 일들 대신 황량함만이 도드라지게 남은 듯 보일 때 비참할 정도로 부끄러움을 느낀다.

파키스탄에서 사역하는 한 네덜란드 선교사는 모국에 갈 때마다 끊임없이 되풀이되는 다음과 같은 질문 공세에 심한 좌절을 느낀다는 고백을 한다. "당신은 얼마나 많은 무슬림을 기독교로 개종시켰습니까?"

앞에서 언급했던 신학자 코야마는 사람들이 상황을 효율적으로 통제하고 싶어 하는 것이 당연하다고 말한다. 누구나 당황스러운 상황이 펼쳐지는 것을 원치 않기 때문이다. 우리는 우리의 종교가 사회에서 필수적인 부분이 되기를 원한다. 학교 시스템이나 행정조직, 군대와 함께 또 하나의 사회 제도가 되어야 한다고 생각한다. 코야마는 우리가 십자가에 손잡이를 달아 잘 길들여서 다루기 쉽게 만들어 점심 도시락처럼 가지고 다니길 원한다고 말한다.

> 우리는 영양이 풍부하고 먹을 것이 가득 찬 점심 도시락 가방을 손에 든 채 휘파람을 불면서 가벼운 발걸음으로 예수님을 따르고 싶어 한다. 승리를 거듭하면서······우리는 지략이 많고 앞으로도 그럴 것이다. 필요하다면, 예수님을 '따르는' 대신 예수님보다 좀 더 앞서갈 수도 있다.[7]

유능한 사람들은 항상 무엇을 해야 할지 정확히 알고 있다. 그들은 다른 이들에게 도움을 청하지 않는다. 그들은 바울처럼 개선 행렬에 포로가 된 것이 아니라, 스스로 승리하여 행렬의 선두에 서는 것이다. 그들은 외적인 영광과 하늘의 권능 그리고 위엄 있는 표적이 분명하게 나타나는 곳에서만 그리스도가 역사하심을 본다. 그들의 그런 활동에서 개선장군과 같은 우쭐한 모습이 엿보인다.

그러나 바울에 의하면 이렇듯 멋지게 보이는 모든 영성은 완전히 헛된 것이다. 바울은 이것에 맞서 황홀한 현상과 놀라운 성취가 결코 그리스도로부터 보내어진 사람임을 증명할 수 없다는 선교 신학을 발전시켰고, 실제로 보여주었다.[8] 선교사들이 받는 유혹은 예수님이 받으신 것과 같다. 즉 세상의 기대에 부응하는 인기 있는 메시아가 되는 것이다. 그러나 고린도후서에서 바울은 진정한 기독교 영성은 초인적인 사람이나 기적과 같은 일에서가 아니라 일상적인 삶 속에서 발견된다고 주장한다. 우리의 문제는 복음의 평범한 것을 낭만적이고 대중적인 무언가로 바꾸어 버렸다는 데에 있다. 우리는 후광이 빛나는 십자가를 제시하고, 베들레헴의 마구간을 아주 감성적이고 목가적인 것으로 바꾸어 버렸다. 이런 시각은 이미지들의 극히 일상적이고 평범한 면을 놓치게 한다. 그러므로 선교사들의 사역과 영성의 기준은 장엄하고 낭만적인 업적에 있지 않고 평범한 일상적 삶에 있다. 그래서 바울은 그의 대적들이 멋지게 보이는 여러 무기를 휘두를 때 인내, 진리, 사랑, 약함, 섬김, 겸손, 존중이라는 지극히 평범한 현실적인 무기로 맞선다.⁹ 어떠한 상황에서도 사람들에게 복음을 불도저로 밀어붙이듯 강요해서는 안 된다. 사람들에게 강요하기 시작하면 그것은 이미 복음이 아니기 때문이다. 공격적이지 않으면서도 동시에 선교적일 수 있다. 실은 그것이야말로 진정으로 선교적일 수 있는 유일한 길이다.

모든 일에 해답을 제공하는 신은 설명하기 쉽고 이해가 가능한 신이 되지만, 그렇기 때문에 참 하나님이 되지는 못한다. 알베르트 슈바이처는 제 1 차 세계대전이 일어나기 전, 스트라스부르에서 소년들에게 교리를 가르쳤던 10 년을 회상하며 기록한 노트에 이렇게 적었다.

> 전쟁이 끝난 뒤 그들 중 몇 명의 젊은이들이 나에게 찾아와 기독교 신앙이 모든 것을 설명해 주지 않는다는 사실을 분명히 보여준 것에 대해 감사를 표했다. 이러한 인식이 그들을 참담한 전쟁 속에서 영적으로 살아남을 수 있게 해주었다고 했다. 이와는 다르게 기독교가 모든 해답을 제시해 준다고 배웠던 이들은 도저히 이해할 수 없는 일들을 겪게 되자 신앙을 잃어버렸다는 것이다.

제 2 차 세계대전이 끝난 후 폐허가 되어 버린 바르샤바의 유대인 거주 지역에서 한 장의 종잇조각이 발견되었다. 종이에는 유대인 제셀 라코버(Jessel Rakover)가 학살당할 준비를 하며 기록한 마지막 말이 적혀 있었다. 그 글의 일부는 다음과 같다.

이스라엘의 하나님, 당신이 제가 당신을 믿지 못하게 하려고 최선을 다하신다 할지라도, 심지어 제가 당신이 모든 만물을 다스리시는 방법을 증명하지 못할지라도 당신의 법을 믿습니다.……저는 당신의 위엄 앞에 머리를 숙이지만, 당신께서 저를 때린 그 막대기에는 입 맞추지 않을 겁니다.……지금 이 순간, 우리의 생존을 위한 영원한 투쟁 중 지나간 그 어느 때보다도 더욱 심한 고문과 모욕을 당하며, 산채로 묻히거나 불태워지기도 하고, 굴욕과 무시를 당하는 등 수백만이 죽임을 당하고 있지만, 저는 당신께 우리는 알 권리가 있다고 말하고 싶습니다. 언제까지 이런 일이 계속되도록 허락하시렵니까?……제가 이런 말씀을 드리는 것은 당신을 믿기 때문입니다. 과거의 그 어떤 때보다도 당신을 믿습니다. 그것은 지금 제가 절대적인 확신 가운데 당신이 나의 하나님이라는 사실을 확실히 알기 때문입니다. 그리고 당신이 이렇게 가장 끔찍하게 하나님을 부인하는 모습을 보여주는 행동을 하는 저 사람들의 하나님이실 수는 없기 때문입니다.……저는 평안을 누리며 죽어가지만, 아픈 마음은 가라앉힐 수가 없습니다. 박해를 당해도 노예가 되지는 않았습니다. 참으로 씁쓸하지만, 냉소적으로 변하진 않았습니다. 제가 믿는 자여도 탄원은 하지 않습니다. 저는 하나님을 사랑하지만 모든 일에 아멘이라고 말하지 않습니다. 저는 하나님께서 저를 거부하셨을 때도 하나님을 따랐습니다. 하나님께서 그 일로 저를 벌하셨을 때도 저는 하나님의 명령에 순종했습니다. 하나님께서 저를 팽개치고, 고문당하게 하며 굴욕과 조롱의 대상으로 만들었을 때도 저는 당신을 사랑했습니다. 분노하는 나의 하나님, 이것이 당신께 마지막으로 드린 말입니다. 제가 이렇게 해도, 당신은 제 말을 듣지 않으십니다. 당신은 저의 믿음을 파괴하기 위해 가능한 모든 일을 행하셨지만, 저는 제가 지금까지 살아온 것과 똑같은 모양으로 죽어가면서 이 말씀을 드립니다. "슈마 이스라엘(*Shma Yishrael*, 이스라엘아 들으라), 여호와가 우리의 하나님이십니다. 오직 한 분이신 우리 주 하나님이십니다." 제 영혼을 당신의 손에 의탁하나이다.

감동적인 이글은 '잡상인들'의 영성과는 대조적이며, 바울에게 보이는 바로 그런 영성을 보여준다. 어거스틴은 "주여, 당신을 찾지 못한 채 해답을 얻기보다는 해답을 찾지 못해 문제가 해결되지 않더라도 당신을 찾는 편이 더 낫습니다"라고 말하였다.[10]

고통의 울부짖음으로 시작되는 시편 22 편도 비슷한 메시지를 선포한다. "내 하나님이여 내 하나님이여 어찌하여 나를 버리셨나이까……내가 낮에도 부르짖고 밤에도 잠잠하지 아니하오나 응답하지 아니하시나이다"(1-2 절). 시편 22 편 전체를 통해 이 질문은 결코 감추어지거나 덮어지지 않는다. 그리고 거기에는 '왜?'라는 비난 섞인 질문에 대한 대답은 없다. 그런데도 이 통렬한 질문 바로 다음에 시편 기자는 완전히 비논리적으로 이렇게 말한다. "이스라엘의 찬송 중에 계시는 주여, 주는 거룩하시니이다"(3 절). 그렇게 시편 기자는 기도와 탄원을 계속하다가 갑자기 송영으로 바꾼다.

> 내가 주의 이름을 형제에게 선포하고 회중 가운데에서 주를 찬송하리이다 여호와를 두려워하는 너희여 그를 찬송할지어다 야곱의 모든 자손이여 그에게 영광을 돌릴지어다 너희 이스라엘 모든 자손이여 그를 경외할지어다(22, 23 절).

이와 같은 일이 예레미야에게도 일어났고(렘 20:7-9, 14, 18), 십자가 위의 예수님에게도 일어났다. 코야마는 이렇게 설명한다.

예레미야와 예수님은 그들을 버리시는 하나님을 신뢰하였다! 그들의 믿음은 하나님의 분명한 응답 위에 세워진 것이 아니었다. 하나님께서 대답하지 않으셔도 그들은 하나님을 믿었다!……여기에서 우리가 보는 것은 '해답 신학'이 아닌 '관계 신학'이다.[11]

교회와 선교사들에게 보내는 이 메시지는 모든 형태의 인간적 성공 추구의 사고방식에서 돌아서라는 것이다. 나는 2년 전 남아프리카공화국 흑인 거주 지역의 소요 사태에 관해 교회가 어찌할 것인지를 물었을 때, 한 흑인이 다음과 같이 대답한 것을 잊을 수 없다. "성공 윤리의 감언이설에 길이 든 우리는 교회란 어떤 식으로든 실패한 공동체가 되기 위해 존재한다는 것을 깨닫지 못하고 있습니다." 사실, 우리의 대단한 성공은 곧 실패의 증표일 수 있으며, 참담한 실패는 곧 성공의 증표일 수 있다.

독일의 선교학자인 월터 프레이태그(Walter Freytag)는 여러 해 전 이집트 북부에 있는 루터교 선교 센터를 방문했을 때 있었던 일을 이렇게 이야기한다. 그들의 사역이 52년 된 해였는데, 그 긴 세월 동안 거둔 열매라고는 이슬람으로부터 개종한 단 한 명뿐이었고, 당시 그마저도 사라진 상태였다. 하지만 그곳의 선교사들은 여전히 신실하게 일했고, 프레이태그는 그곳에서 선교가 진정으로 의미하는 바를 깨달았다고 말했다. 사역의 결과에 개의치 않은 채 전혀 희망이 없어 보이는 상황 속에서도, 이 땅의 모든 민족 가운데 우리의 주님이신 그리스도를 찬양하는 것이 곧 선교라는 것이다.

이러한 이해는 현대 선교사들이 다른 신앙을 가진 사람들에게 그리스도를 소개하는 방식에 있어서 대단히 중요한 점을 보여준다. 만일 우리가 고린도후서에 나오는 잡상인들의 접근 방식을 따른다면, 우리는 복음이 아니라 종교나 문화 또는 이데올로기를 전하는 것이 되기 때문이다.[12] 선교학자 구스타프 바르네크(Gustav Warneck)의 평생 친구였던 19세기 독일 신학자인 마틴 캘러(Martin Kähler)는 '선교'(mission)와 '선전'(propaganda)을 구분하는 것이 결정적으로 중요하다고 말했다. 그는 선전은 "우리 자신에 대한 복사본을 만드는 것이다"라고 하였다. 우리가 소위 선교사역이라고 하는 일들도 그런 것이 아니었는지 두려운 마음이 든다. 지금까지는 자신의 종교가 다른 종교보다 우월하다는 것을 정당화하고, 될 수 있는 한 그 주장에 대해 지지할 자들을 새롭게 많이 확보하는 것이 선교사역이었다. 이 논리의 출발점은 "우리만이 옳은 진리를 가졌으며, 나머지는 다 틀렸다"라는 것이다. 다른 사람들의 신앙에 대한 우리의 비난은 유감스럽게도 너무나 신랄한 어조로 표현되는 경우가 적지 않았다.

바울은 로마서 2장 17-21절에서 이방인에 대한 유대인의 바로 이러한 태도를 아주 철저히 비판한다. 유대인들은 자신들이 "맹인의 길을 인도하는 자요, 어둠에 있는 자의 빛이요…….어리석은 자의 교사요, 어린아이의 선생"(19-20절)이라고 확신했다. 유대인들은 오만하게도 자신들을 위하여 하나님의 계시를 함부로 부풀리고 독점했는데, 하나님과 인간에 관해 난공불락의 확고한 위치에 오른 듯 도취됐다는 점이다. 바울은 바로 이 점을 반대했다.

다음 장에서 전체 문제와 관련된 주제로 돌아가 고린도후서의 바울을 살펴보려 한다. 특히, 그리스도 안에서 이루어지는 구원의 분명한 확신과 바울의 겸손하고 관용적인 태도가 어떻게 결합할 수 있었는지 주목해 볼 것이다. 여기서는 이런 분명한 확신이 기독교 신앙을 다른 종교와 비교하여 배타적이며 절대적인 것으로 취급하는 것과 아무 상관이 없음을 지적하는 정도에 만족해야 할 것 같다. 코야마는 "이런 식의 '신적인 (divine) 미인 경연대회'가 더는 필요 없다"라고 말한다.[13] 그는 옥에 갇힌 세례 요한이 예수께 자신의 제자들을 보내며 "오실 그이가 당신이오니이까 아니면 우리가 다른 이를 기다리오리

이까?"(마 11:3)라고 질문한 것을 염두에 두고 말한 것이다. 코야마는 "그리스도의 종결성"(finality of Christ)에 관하여 기록된 바로 이 첫 번째 질문이 에어컨이 설치된 대학 도서관이나 양탄자가 깔린 신학교의 라운지에서 이루어진 것이 아니라, 옥중에 갇힌 한 수감자에 의해 던져진 질문이라는 것을 인식하는 것이 무엇보다 중요하다고 지적한다.

같은 방식으로 "다른 이로써는 구원을 받을 수 없나니 천하 사람 중에 구원을 받을 만한 다른 이름을 우리에게 주신 일이 없음이라"(행 4:12)는 것은 두 명의 떨고 있는 수감자들이 갖고 있던 확신으로, 그들은 기독교라는 종교의 절대성에 관해 주장한 자들이 아니라 예수 그리스도께 사로잡힌 자들이었고 **그렇기 때문에** 그럴 수밖에 없었다. 이러한 성경의 증언들은 사실 고압 전기처럼 강력한 힘을 지닌 말씀이므로 부주의하게 사용하지 않도록 경계해야 하며, 우리 자신은 물론 다른 사람들도 감전되지 않도록 해야 한다. 코야마의 다음과 같은 말이 옳지 않은가?

> 예수의 이름으로 잔혹하게 구느니 부처의 이름으로 자비를 베푸는 것이 더 낫다. 유대인의 신학으로 구타당한 희생자를 외면하기보다는 사마리아인의 신학으로 이웃이 되는 것이 더 낫다.[14]

이 간증은 우리 자신이 우리가 선포하는 메시지 일부라는 것(다음 장의 주제)을 보여주고 있다. "너희 마음에 그리스도를 주로 삼아 거룩하게 하고 너희 속에 있는 소망에 관한 이유를 묻는 자에게는 대답할 것을 항상 준비하되 온유와 두려움으로 하고"(벧전 3:15). 이들 그리스도인은 잡상인들처럼 그들의 종교적 상품을 홍보하고 있지 않은 것이 분명하다. 오히려 이교도들이 그들에게 와서 그들 속에 있는 **소망**에 관하여 이야기해 달라고 요청한다. 그때, 이교도들은 다음과 같은 것을 깨닫게 될 것이다. 이 사람들에게는 우리에게 없는 소망이 있구나! 그러니 그들에게 가서 그것이 무엇인지 알아보도록 하자.

물론 이런 이해는 우리가 그리스도를 전하는 데 있어서 주도적이어선 안 된다는 것을 암시하는 것이 아니다. 오히려 우리 안에 희미하나마 한 줄기 소망의 빛이라도 발견하지 못한다면, 그러한 주도성은 아무 소용이 없다는 것을 의미한다.

결론적으로 바울과 고린도에 있던 그의 대적들 사이의 핵심적 차이를 정리해 보자. 나는 바울의 대적들이 사실상 십자가를 피해 가고 있었다고 생각한다. 이 주제는 고린도후서를 연구할 때 매우 다양하게 변형된 모습으로 나타날 것이다. 십자가가 없다면, 그리스도인의 삶과 믿음은 나름대로 분명하며 설명 가능한 것이 된다. 또한 예수님은 우리가 이해할 수 있고,

예측 가능하며, 길들일 수 있는 우상이 된다. 그러나 사람들이 조롱하고, 침 뱉고, 발가벗긴 예수님은 분명히 그와는 다른 예수님이다.

물론 우리는 십자가조차도 길들이는 게임을 매우 잘한다. 온갖 바른 소리를 하고, 모든 올바른 기도 또한 가능하다. 또한 "십자가에 못 박히신 예수님을 전하는 일"에만 관심을 가지면서도 여전히 잡상인의 무리로 남을 수도 있다. 겉으로는 바리새인의 옷 대신 회개한 세리의 남루한 옷을 입고서 우리가 바리새인과 같지 않은 것에 대하여 감사할 수도 있다. 루이스(C. S. Lewis)의 『스크루테이프의 편지』(그의 대표작으로, 경험 많고 노회한 악마 스크루테이프가 조카이자 풋내기 악마인 웜우드에게 보낸 인간을 유혹하는 방법에 관해 쓴 31 통의 편지—역자 주)에는 스크루테이프가 그의 조카에게 보낸 글 중에 이런 구절이 나온다. "너는 너의 환자가 겸손해졌다고 말했지? ……글쎄, 그 환자가 그 사실에 주목하도록 해 보았니? 슬그머니 그가 그의 겸손을 자랑하도록 만들어 보렴."

복음서에는 세리가 바리새인들보다 하나님 나라에 더 가까이 있다는 이야기가 나온다. "건강한 자에게는 의원이 쓸데없고 병든 자에게라야 쓸 데 있나니 내가 의인을 부르러 온 것이 아니요 죄인을 불러 회개시키러 왔노라"(눅 5:31-32). 만일 회개한 죄인들이 자신들의 회개를 덕목으로 삼게 된다면, 그들은 본래의 자리로 되돌아가거나 오히려 예전보다 더 나빠질 것이다. 왜냐하면 그들에게 복음에 대한 면역력이 생겼기 때문이다.

고린도후서를 읽으면서 분명해지는 것은 바울이 바로 이 점에서 벼랑 끝까지 갔던 경우가 많았다는 것이다. 그것은 '자랑' 또는 '뽐냄'이 이 편지의 핵심 개념 중 하나이기 때문이다. 헬라어로 '자랑'을 의미하는 단어가 다른 바울 서신들을 다 합친 것보다 이 서신에서 더 자주 등장한다. 바울의 대적들은 비유에 나오는 바리새인들처럼, 자신들과 바울을 비교하여 자신들의 우월성을 자랑한다. 여기에 대한 바울의 반응은 자랑과는 반대되는 것이었다. 이것은 엄청나게 위험한 게임이었고, 바울도 그것을 알고 있었다. 그런데도 바울은 거짓 사도들처럼 자신의 강함에 대해 자랑하는 것이 아니라, 약함을 자랑하며 그들을 논박해야 할 의무감을 느꼈다. 그것이 그를 바리새인의 옷을 입은 세리와 거의 같게끔 만든 것이다. 결정적 요지는 바울이 엄청난 망설임과 쓰디쓴 역설 속에 그리하였으며, 그의 삶 속에서 그리스도의 은혜를 실제로 경험한 것과 "화목하게 하는 직분을 맡고 있다"(5:18)는 것을 근거로 그렇게 행했다는 것이 더욱 중요한 점이라 할 수 있다.[15]

3

그리스도의 대사들

(고린도후서 3:18; 5:18-6:10)

40여 년 전 네덜란드의 신학자 헨드릭 크래머(Hendrik Kraemer)는 1938년 탐바람 국제선교사대회(Tambaram Conference of the International Missionary Council)를 준비했던 예비 자료로 한 권의 책을 썼다. 그는 이 책 『비기독교 세계에서의 기독교 메시지』(*The Christian Message in a Non-Christian World*)에서 다른 종교에 대한 상대주의적 접근 방법에 도전했다. 이 주제는 그로부터 10년 전에 열린 예루살렘 대회에서 하버드대 철학 교수인 윌리엄 호킹(William Hocking)의 기여 덕분에 큰 인기몰이를 했었다.

크래머는 비기독교 종교를 평가할 때 많은 점에서 주로 에밀 브루너(Emil Brunner)의 입장을 따랐으며, 칼 바르트(Karl Barth)와도 몇 가지 유사성을 보였다. 한 가지 예로 크래머는 기독교 신앙과 다른 종교 간의 '유사성'에 대한 이야기를 대단히 경계하였다. 그는 당시, 이른바 종종 유사점 혹은 접촉점이라 불리던 것들 모두가 동시에 차이점들임을 지적하였다. 전체 주제에 관한 길고 긴 신학적 토론 이후, 크래머는 갑자기 다음과 같이 말했다.

> 구체적인 접촉점들이 갖는 문제의 중요한 면에 대해 다소 특이한 방식으로 설명할 수 있는 분도 있을 것이다. 즉, 오직 하나의 접촉점만 있고 그 접촉점이 실제로 존재한다면, 결국 많은 접촉점이 존재하게 된다. 이 하나의 접촉점이 바로 선교사의 성품과 태도이다. 선교사를 그러한 접촉점으로 삼는 것이 당황스러울지도 모른다. 그렇지만 그것은 사실이다.[16]

나는 크래머가 이 문제에 있어 확고한 성경적 근거를 갖고 있다고 믿는다. 고린도후서 2장 15절과 16절 말씀을 보면, 바울은 자신과 자신의 동료들을 "하나님 앞에서 그리스도의 향기"라고 언급하며 모든 사람에게 하나님을 아는 지식의 향기가 퍼져나간다고 했다. 우리가 기독교 신앙의 성육신적인 면을 제대로 이해한다면, 이러한 주장이 논리적으로 매우 타당하다 할 수밖에 없다.

종종 우리는 자신을 하나님께서 당신의 메시지를 사람들에게 전달하는 데 사용하는 통로나 도구라고 부른다. 우리는 대개 통로를 아무런 제한 없이 물이 흐르게 하는 깨끗한 송수관 정도로 생각한다. 그러한 흐름에 지장이 없도록 하려면 통로나 파이프를 정기적으로 깨끗하게 청소해야 한다. 선교 영역에 이를 적용해보면 메시지가 전달되는 과정이 무균 상태로 유지되어야 한다는 의미인 듯하다. 결코 오염되어서는 안 되며 절대적인 순수 상태로 유지되어야만 한다.

통로나 도구라는 은유에 의하면 선교사는 단순한 도구가 된다. 이런 도구가 사용되어야만 하는 것이 안타깝지만, 의사전달을 위한 다른 방도가 없다면 우리는 이 도구라도 사용할 수밖에 없다. 하지만 도구와 이를 통해 전달하려는 것 사이는 직접적인 연관이 없다. 사실, 중요한 것은 도구는 전달되는 내용에 전혀 관여하지 않는다는 것이다.

신약성경이 선교사를 소독됐거나 오염되지 않은 도구로 간주한 채, 절대 의사소통에 관여하면 안 되는 사람이라 여기는 것 같진 않다. 하지만 이러한 생각의 배후에 있는 정서는 이해할 수 있다. 신약성경의 은유는 도구가 아니라 가지이다(요 15장). 통로의 내부는 흘러가는 것이 무엇이든 전혀 영향받지 않는다. 하지만 가지는 뿌리와 줄기에 담겨 흘러오는 영양분의 힘을 흡수한다. 가지는 흡수한 양분이 자신의 일부가 되도록 하며 그 힘으로 새로워지고 변화되는 것을 허용한다. 가지가 이러한 과정을 거쳐야만 열매로 영양분을 보내줄 수 있다. 그러므로 가지 자체가 영양분을 전달하는 과정에 참여하는 것이다.

이러한 개인적이면서 인격적인 참여는 특히 베드로전서에서 아주 분명하게 나타난다(벧전 2:12). 이 구절의 배경에는 그리스도인의 대적자들이 어떻게든 그리스도인들이 범죄자라는 것을 입증할 증거를 찾아 중상모략하려는 시도가 보인다. 하지만 그들의 시도는 정확히 정반대의 결과를 가져온다. 바람은 그들이 원하는 방향으로 불지 않았다. 그리스도인의 삶은 대적들이 책망할 만한 그 어떤 근거도 찾을 수 없을 만큼 훌륭했기 때문이다. 오히려 그들은 그리스도인의 모범적인 삶을 보며 하나님께 영광을 돌렸다. 그러나 고린도후서 말씀처럼 그리스도인 자신이 전할 메시지의 한 부분이 되어 개인적이면서 인격적인 참여를 강조한 곳은 신약성경 어디에도 찾을 수 없다. 바울은 자신과 동료들을 가지의 은유 대신 '그리스도의 대사'(고후 5:20)라 칭하였다. 대사는 국가로부터 받은 메시지를 단순히 전달만 하는 도구나 외교 우편 행낭이 아니다. 그는 개인적이면서도 인격적으로 자신의 정부를 대표하며, 자신을 파송한 이의 화신(化身)인 것이다.

대사의 역할은 이처럼 막중하므로 매우 치밀한 준비를 해야 한다. 대사로 부름을 받는 것만으로는 충분치 않다. 그래서 나는 선교사로서의 준비가 중요치 않다고 생각하는 교회와 선교 단체들이 너무나 많다는 것에 늘 놀라곤 한다. 선교사로서 부르심을 받았다면, 그것만으로 충분하기에 가능한 한 빨리 선교지로 파송해야 한다는 것이다. 특히 선교 과업의 긴급성과 만성적인 선교 인력 부족 현상을 고려한다면 더욱더 그렇다고 생각한다. 그러나 신약의 기록을 보면 이와는 다른 인상을 받는다. 바울은 회심 이후에 아라비아로 사라져 그곳에서 3년을 지낸다. 우리는 이 기간에 그가 무엇을 하였는지는 잘 모르지만, 신약성경의 증거를 바탕으로 생각해 보면 본질적으로 그 기간은 준비하는 기간이었다고 추측할 수 있다. 바울은 예루살렘에서 잠깐 머무른 다음 고향인 다소에서 여러 해를 지냈다. 그는 별로 알려지지 않은 상태로 15년 이상 지난 후에야 우리가 알고 있는 선교사가 되었다. 사실 이 땅에서의 예수님 자신의 삶도 준비가 중요함을 보여준다. 그는 대략 30 년 동안 무명으로 살았으며 그의 공생애 기간은 기껏해야 3 년이었다.

우리가 준비의 중요성에 대해 걸맞은 강조를 했더라면 오늘날의 선교 사역이 크게 달라지지 않았을까 하는 생각을 자주 한다. 회심 이전에 이미 신학적 준비가 돼 있던 바울도 계속 선교사로서의 자질을 키워나갔다. 그러므로 신학적 준비만으로 끝내서는 안 된다. 심리적 준비 또는 선교사가 지녀야 할 자질을 갖추는 것(formation)도 필요하다.

'문화 충격의 현상과 다른 문화로 이주하는 사람들에게 미치는 영향에 관한 심도 있는 연구는 불과 수십 년 전부터 이루어졌다. 다른 문화로 이주한 서구인의 대부분은 문화 충격에 대한 과도한 노출로부터 자신을 보호할 수 있다. 예를 들면, 교제의 범위를 서구인들로만 한정 지을 수도 있고, 여러 가지 방법을 써서 어떻게든 스스로 '작은 섬' 같은 고향을 현지에 만들어낼 수도 있다. 바로 이렇게 하려고 애쓰는 선교사들이 적지 않으며 영국이나 미국을 그대로 옮겨 놓으려 한다. 그들은 지리적으로 이동할 뿐이지 심리적으로는 철저히 자기 문화에 머무르려는 생각이 강하다. 반면 사업가들은 자신의 문화에 집착하기보다는 새로운 문화를 빨리 받아들이는 편이다. 하지만 의외로 선교사들은 그것을 어려워한다. 선교사가 새로운 환경으로부터 스스로 자신을 고립시킨다면, 결국 자신이 그곳에서 하려던 말과 행동을 헛되게 만드는 결과를 낳는다.

나중에 선교사와 현지인과의 사이에 문화적 노출이 갖는 의미를 더 살펴보겠지만, 여기서는 주로 선교사의 심리적, 영적인 상태에 이러한 요소들이 지대한 영향을 끼친다는 것을 생각해 보려 한다. 선교사의 삶은 끊임없이 노출된다. 자신과 어울리지 않는 성격을 가진 사람과도 어쩔 수 없이 함께 지내야 하고, 자신의 친구조차도 마음대로 선택할 수 없으며, 사생활은 없다시피 한다. 그냥 주어진 상황을 그대로 받아들여야 한다.

이 모든 것은 엄청난 중압감을 안겨주어 자주 좌절케 한다. 인품도 좋고 재능도 뛰어난 젊은 의사 선교사가 선교현장에서의 삶에 요구되는 것들을 감당할 수가 없다며 나를 찾아온 적이 있다. 그는 이렇게 말했다.

우리는 의과 대학에서 의사가 되기 위한 훈련만 받았습니다. 공부, 공부, 공부 이외에는 다른 것을 할 시간이 없었죠. 그러다 이런 상황에 부닥치니, 삶에 대한 준비조차 되어있지 않은 불완전한 내가 보입니다.

그 젊은이는 어디서 어떻게 실패한 것인지 알았기 때문에 잘 대처해 나갈 수 있었다. 실패한 원인을 감춘 채 완고함이나 자기 의로 덮으려 하는 경우가 너무나 많다. 앞에서 인용한 핸드릭 크래머가 다음과 같이 말한 것은 별로 놀라운 일이 아니다. "세상에서 가장 힘들고 어려운 것 중의 하나가 선교사들의 공동체이다!" 짐바브웨에 있는 한 미국인 선교사는 집으로 보낸 편지에서 "지금까지 지내면서 가장 큰 시험은 동료 선교사들과 잘 어울리는 것이었습니다"라고 하였다.

이런 일의 원인 중 하나는 선교사가 되기 위해서 우리의 안락한 현대 사회에서조차도 상당한 용기가 필요하기 때문이다. 모든 사람이 그런 힘든 일을 하기 위해 다른 나라로 떠날 수 있는 용기를 지닌 것은 아니다. 그래서 선교사들은 그들 스스로 자신에 대해 말할 때 성격이 강하다고 하는데, 실제로 강한 성격을 가진 경우가 많다. 그리고 그러한 강한 성격이 매우 독특한 방식으로 드러나는 경우도 적지 않다. 선교사들은 종종 자신들의 '단호함'을 다음과 같이 표현한다. "나는 단호하고, 당신은 완고하며, 그는 고집불통이다." 그렇지만 이 세 가지 표현은 사실상 모두 같은 의미이며 단지 **감정적**으로만 아주 다른 의미를 담고 있을 뿐이다.

1965년 뉴욕에 있는 선교사 연구 도서관은 다양한 교회와 선교단체에 소속된 1,409명의 선교사가 선교지를 조기에 떠난 연유에 관하여 보고서를 발표했다. 설문 중의 하나는 "당신은 모국에서 동료들과 동역하는 것보다 선교지에서 동료들과 함께 일하는 것이 대체로 더 어려웠습니까?"였다. 이에 대하여 선교지 동료들과 협력하기 쉬웠다는 답이 응답자 중 20%를 차지했고, 30%는 거의 같다고 했다. 하지만 45%는 의심할 여지 없이 선교지에서 동료 선교사들과 함께 살아가며 일하는 것이 어렵다고 답했다. 후자의 그룹의 한 사람은 이렇게 말했다. "선배 선교사들이 싸우는 것을 보고 엄청난 충격을 받았습니다. 선교사에 대한 제 이미지는 산산조각이 났지요."

이렇듯 동료 선교사들과의 첫 만남은 겨울 아침 찬물로 샤워를 할 때 느끼는 것과 같은 듯한 충격을 안겨주는 경우가 종종 있다. 상황을 더 나쁘게 만드는 것은 젊은 선교사들은 멋진 팡파르와 함께 파송 교회를 떠난다는 것이다. 화려한 파송식에서 파송 교회와 작별을 하며 자신이 선교지 교회에 새롭고 특별한 선물이 될 것이란 생각을 한다. 당연히 선교지에서도 파송 받을 때와 마찬가지로 화려한 트럼펫 소리와 함께 환영받을 것이라는 기대를 한다. 그러나 도착해 보니, 현지의 선교위원회나 새로운 교회들은 방금 도착한 초임 선교사를 어떻게 맞이

할지 준비조차 되어있지 않은 것 같다. 그런 상황을 마주하게 되면 왜 이곳에 왔는지 의문이 생기기 시작하고, 만성적인 인력 부족에 관한 이야기들을 의심하기 시작한다. 그리고 곧, 그가 보기에 잘못되었다 비판할 만한 수많은 일을 보게 되면서, 시험을 당하는 것이 현지 교회나 선교현장이 아니라 본인 자신이라는 사실을 잊어버리고 만다.

데인(A. J. Dain)은 새내기 선교사에 세 부류가 있다고 말한다. 첫째, 언제 어디든지 보낼 수 있는 사람들로서 성과를 기대할 만한 사람들이다. 둘째, 적절한 사역과 적합한 환경을 찾아서 일을 맡겨야만 하는 사람이다. 이들은 임의로 함께 일할 사람을 정하거나 구체적인 상황을 고려하지 않은 채 배치하면 안 된다. 상당한 수준의 퍼즐 맞추기를 해야 한다. 셋째, 어느 곳에도 안심하고 배치할 수 없어서 고국으로 돌려보내야만 하는 사람들이다. 데인은 이렇게 말한다. "내가 걱정하는 것은 두 번째 경우이다. 그들은 대개 고국으로 돌아가지 않고, 사역에 있어서 부적응자로, 교회에 자산이 아닌 부채로 남기 때문입니다."**17**

선교지에 처음 온 신참 선교사 자신이 선배 선교사들과 현지인들을 좋아하는 것보다, **그들**이 자신을 좋아하게끔 하는 것이 더 중요하다는 것을 깨닫기가 쉽지 않다. 이와 관련하여 나는 답답하며 심지어 오염되기도 한 선교지 분위기에 신참 선교사들이 정말 신선한 바람을 가져오기도 한다는 간증을 하려 한다. 그들은 이미 지치고 타성에 젖어 처음에 가졌던 비전을 잃은 고참 선교사들에게 엄청난 진정성과 전염성을 내뿜는 밝은 빛으로 도전을 준다. 나는 20세기의 성자 선교사 중 한 사람이라고 할 수 있는 플로렌스 앨숀(Florence Allshorn)을 생각한다. 초임 선교사로서 선교지 지역 본부에 도착한 그녀는 심성이 사나워 누구와도 어울리지 못하는 나이 많은 한 여자 동료와 한방을 쓰게 되었다. 사실 그녀는 이미 여러 사람이 사직서를 쓰게 만든 장본인이었다. 플로렌스가 그 방에 들어갔을 때, 그 방의 절반이 그녀의 가구와 물건들로 가득 차 있었고 방바닥과 벽에는 방을 절반으로 구분 짓는 선이 선명하게 그어져 있었다. 플로렌스가 그녀의 새로운 동료에게서 들은 첫 번째 말은 "여기까지는 내 영역이고, 그쪽은 네 영역이야!"였다. 누구도 이런 환영을 받아 본 사람은 없었을 것이다! 그러나 플로렌스는 밝은 빛이 담긴 그리스도인의 인격으로 차츰 그 불행한 여인이 오랜 세월 동안 자기 주변에 쌓아 올린 보호막을 뚫고 들어갈 수 있었다. 어떠한 것으로도 뚫을 수 없던 그 벽을 인내와 사랑과 따뜻한 관심으로 무너뜨린 것이다. 결국,

두 사람은 참된 조화를 이루어 오랜 시간 동안 함께 살며 함께 일했다.

나를 자주 놀라게 하고 충격에 빠뜨리는 것이 있는데, 일반인들보다 선교사 중에 험담 퍼뜨리기에 능한 이들이 적지 않다는 사실이다. 그들이 실제로 험담을 조장하는지 확인할 수는 없었지만, 험담에는 관심이 없다고 줄곧 말해오던 사람들이 험담하는 사람들과 멀어진 것은 분명히 알고 있다. 대부분의 험담은 교묘하게 이루어지기 때문에 그것이 험담이라는 것을 감지하기가 어렵다. 예를 들면, 신참 선교사는 주변의 아리송한 암시 때문에 선배 선교사에 대해 좋지 않은 인상을 받을 수 있다. 그는 자기도 모르게 서서히 그 선배에 대한 잘못된 편견을 갖게 된다. 그는 주기적으로 그럴듯하게 포장된 험담을 받아들이며, 결국 자신과 함께 살고 일하는 사람들에 대한 선입견을 품게 된다.

심지어 기도조차도 동료들에 대한 신임을 약화시키는 데 교묘하게 사용될 수 있다. 특히 이런 상황은 두세 사람이 정기적으로 모여 기도하는 경우에 발생하기 쉽다. 왜냐하면 "소수의 인원이 모이면 이런저런 일을 보다 자유롭게 나누고 기도할 수 있기" 때문이다. 밀드레드 케이블(Mildred Cable)과 프란체스카 프렌치(Francesca French)는 자신들이 쓴 소책자 『그리스도를 위한 대사들』(*Ambassadors for Christ*)에서 이런 부류의 사람들에 대하여 이렇게 말한다.

> 모든 경건한 모습 속에서 거룩한 반석이 되기는커녕, 은밀하게 나누는 무분별한 언동으로 인해 좋은 평판이 묻혀 버리는 위험한 구덩이가 될 수 있다. 몇 명만 모여서 자유롭게 기도한다는 명목 아래, "어떤 형제가 죄를 범하거든, 너와 그 사람만 상대하여 (즉 단둘이 있는 자리에서) 권고하라"(마 18:15)는 그리스도의 가르침과 더불어 어떤 결정을 할 때, 이해 당사자를 배제해야 한다는 법(the law of loyalty)을 어긴 것이다.[18]

또 하나의 문제는 좋은 것보다 나쁜 것을 믿기가 쉬운 우리의 자세이다. 이러한 자세는 선교사 공동체 속에서 빈번하게 일어나는 크고 작은 오해들의 주요 원인이 되는데, 어떤 문장은 한 부분만 발췌하고 다른 문장에서는 한두 단어를 잘못 해석하는 식으로 피해를 주는 것이다. 설령 이런 일이 일어날 가능성이 전혀 없는 것처럼 보인다 해도, 압도적인 다수의 사람이 정말로 좋은 의도를 가진 채 그런 일을 벌일 수 있다는 것을 받아들이는 것은 지극히 어려운 일이다.

이상하게 들릴지도 모르지만, 이렇게 다양한 자기주장의 표현들 모두 실제로는 자신을 정말로 받아들일 능력이 없음을 나타내는 징후에 불과한 경우가 많다. 내가 자주 놀라는 것 중에서 정도의 차이는 있지만, 모국에서 타인과 협력이 어려웠거나 맡겨진 일의 처리가 미숙했던 사람들이 스스로 선교사역을 하겠다고 나선다는 것이다. 관계의 갈등을 겪었거나 적응력이 낮은 사람일 가능성이 있는 그들이 어느 날 하나님께서 자신을 선교사로 부르셨다고 확신한다. 선교지에 가면 마음 편히 지낼 것이라는 생각이 잠재의식에 자리 잡은 것 같다. 어차피 내가 함께 일할 사람은 "주님의 사랑스러운 자녀뿐일 테니까"라고 생각하는 것 같다.

또 다른 예를 들어보자. 어떤 사람이 자기 삶의 은밀한 혹은 억제할 수 없는 죄 때문에, 또는 거듭 찾아오는 유혹에 맞서 씨름했지만 지금까지 이겨내려 애쓴 모든 것이 소용없다는 걸 알게 된다. 그때 자신이 만약 이상적인 환경 가운데 살며 일할 수만 있다면 이 문제는 너끈히 이겨낼 수 있으리란 생각이 든다. 이상적인 환경이란 선교지이며, 틀림없이 그럴 것이란 확신을 한다. 게다가 헌신적인 동역자들에 둘러싸여 지원을 받을 뿐만 아니라, 모국과 집을 떠나 대단한 희생을 할 준비되어 있음을 하나님께 입증할 수도 있을 것이라 여긴다. 헌신한 자신에게 하나님께서는 약점을 극복할 힘을 주실 것이라 믿는다.

물론, 그런 일은 일어나지 않는다. 첫 번째 사람은 모국에 있을 때보다 선교지에서 더 심각한 부적격자가 될 것이고, 두 번째 사람은 곧 자신의 약점이 선교지에서도 그대로 나타나거나 오히려 더 악화되었음을 발견하게 될 것이다.

이것은 특히 선교사들이 경험하기 쉬운 잘못된 헌신의 모습 중 단지 두 가지 사례에 불과하다. 이보다 훨씬 더 다양한 사례들이 있다. 어떤 선교사들은 완전히 소진될 만큼 최선을 다한다. 그들은 의도적으로 가장 지루하며 힘든 일들을 선택하고, 조금도 쉴 여유가 없는 실현 불가능한 일정표를 짠다. 다른 이들을 위해 스스로 희생까지 감수하지만, 고맙다는 말을 듣기는커녕 오히려 그들을 난처하게 만들어 원망만 들을 뿐이다.

이 모두를 진정한 자기 부인(否認)의 정신으로 행한다면 정말 좋은 일일 것이다. 그러나 실상 그런 선교사들의 말과는 반대라는 의심이 든다. 그들은 인정받기를 간절히 바라며, 특히 그들의 희생적인 삶이 인정받길 은밀히 원한다. 하지만 실제로는 그러한 것을 원한다는 사실을 강렬히 부정할 것이다.

좀 더 자세히 살펴보면, 이러한 '자기 부인'은 사실 '자기 탐닉'의 한 형태인 것을 알 수 있다. 비참해지는 것이 즐거울 수는 없으며, 자신을 괴롭히는 것이라면 특히 그렇다. 이것은 몇 가지 상태로 이어지는데, 첫째는 교만의 원인이 된다. 언젠가

만난 한 선교사는 함께 한 지 10분도 되기 전 모국에서 사역할 때 지금 사례의 두 배를 받았지만, 선교지로 오기 위해 그것을 포기했다고 자랑했다. 당연한 것이지만 그는 곧 선교사역을 그만두었다. 그는 자신의 희생을 너무 많이 의식하고 있었다.

둘째, 자초한 불행은 다른 이들을 위태롭게 만들기 쉽다. 내가 그들을 위해서 이바지하는 만큼 자신을 의존하도록 만들려 한다. 그들로부터 어떤 보상도 기대하지 않는 척하지만, 실상 자기 마음대로 그들을 지배하려 하는 것이다.

셋째, 가식적인 순교자의 삶은 일이 잘못되었을 때 자신은 아무 죄가 없다는 확신을 갖게 한다. "도대체 그게 왜 내 잘못이야? 나는 나 자신을 위해서 어떤 것도 요구한 적이 없잖아. 그렇지 않아?"

여기에서 문제는 자신을 희생하며 스스로 가장 작은 자가 되려는 사람들이 아니라, 겸손을 가장한 채 자신의 입맛에 맞는 희생 방식을 고집하는 사람이다.

거짓된 헌신의 또 다른 형태는 어떤 것도 즐기기를 거부하는 것이다. 거부하는 이유 중의 한 가지는 진정으로 즐기려면 상대에게 자신을 내어줄 준비가 필요하다는 무의식적 깨달음 때문인데, 자신을 내어준다는 것은 부족함을 고스란히 드러냄으로써 취약한 자리에 서게 됨을 뜻한다. 여기에는 실망과 고통의 가능성 또한 포함되어 있음을 의미한다. 많은 이들이 실망에 대처할 줄 모르기 때문에 즐기지 못하고 지낸다. 진정으로 즐길 수 있는 사람은 고통 또한 진심으로 감내할 수 있는 사람이다. 그리고 고통을 감당할 수 없다면 사랑도 할 수 없다. 그러니 그 모든 것으로부터 빈번히 도망만 친다. 심리적 문제의 근원이 바로 여기에 있는 경우가 드물지 않다.

이 모든 것의 근본 문제는 스스로가 자신을 받아들이지 못하는 데에 있다. 선교사의 필수 조건으로 자기 부인을 강조하는 경우가 적지 않은데, 그것이 옳다 해도 진정한 자기 부인은 자기 수용을 전제로 한다는 사실을 잊어서는 안 될 것이다. 자기 자신을 찾은 사람만이 자기 자신을 내줄 수 있다. 그렇지 않으면 내줄 것이 아무것도 없다. 다른 이들과 마찬가지로 선교사 역시, 자신에게 정직해지는 것과 진정으로 자신을 내주는 것에 대해 본능적인 저항감을 지니고 있기 쉽다.

있는 그대로의 자신을 받아들일 능력이 없음은 다양한 모습으로 나타날 수 있다. 우리 자신의 부분적인 약점을 인정할 수 있지만, 스스로 별로 중요한 존재가 아니라는 것은 받아들이지 못하는 것이다. 스스로가 만든 순교자적 고통은 자신이 무가치하다는 지속적인 두려운 마음을 덮는 방편인 경우가 많다. 이것은 실수에 대한 두려움과 실수를 인정해야 하는 더 큰 두려움을 통해 실체를 드러낸다. 또한, 함께하는 사람들 사이에서 그들의 언어로 말하는 것을 주저하는 것으로도 드러난다. '문법에 안 맞는 말을 하면 어떡하지? 사람들은 나 몰래 비웃을 거야!' 여기에서의 문제를 달리 표현하자면, 자기 자신과 자신이 성취한 것을 구분하지 못한다는 것이다. 자신의 실수를 자신이 경험한 가장 신실하고 가장 정직한 최고의 조언자라고 생각한다면, 그런 실수를 패배로 여기는 일은 없을 것이다.

이러한 두려움 때문에 우리는 가면을 쓰곤 한다. 사실, 이 세상에서 가면을 전혀 쓰지 않는 사람은 단 한 사람도 없다. 우리 모두 정도의 차이는 있지만, 실제 모습과 다른 모습을 보여주려고 연기하는 연기자이다. 한 소년이 엄마에게 말했다. "왜 엄마는 다른 사람들하고 있을 때는 편안한 모습이 보이지 않나요?" 손님이 있을 때면 엄마들은 가면을 쓴다. 그때는 지나치게 친절하고 예의 바르다. 그러나 손님들이 떠나는 순간, 그녀는 가면을 벗고 다시 자기 본연의 모습으로 돌아온다.

가면 뒤에 숨는 버릇은 인류 역사만큼 오래된 것이다. 아담과 하와는 무화과나무 잎 뒤에 자신들을 숨겼다. 이것이 인류가 처음으로 쓴 가면이다. "내가 내 아우를 지키는 자입니까?"라는 가면 뒤에 가인이 숨어 있었다. 야곱은 아버지의 축복을 받기 위해 에서의 옷을 입고, 에서의 이름을 사용한 가면의 사나이였다. 하지만 20년 뒤에 그 축복을 받기 위해 야곱은 자신의 가면을 벗어야 했다. 얍복 강가에서 어떤 사람(a Man)이 그에게 물었다. 20년 전 그의 아버지가 했던 바로 그 질문이었다. "네 이름이 무엇이냐?" 이번에는 진실을 말할 수밖에 없었다. 그는 가면을 벗고 "나는 에서가 아니라, 사기꾼 야곱입니다"라고 고백해야 했다! 하지만, 그는 가면을 벗고 나서야 축복을 받을 수 있었고, "이스라엘"이라는 새로운 이름도 주어졌다(창 32:28).

우리는 대부분 가면에 너무 익숙해져서 더는 가면을 의식하지도 못한다. 가면은 아주 편안하게 잘 맞는다! 우리는 우리의 다양한 책임을 감당하러 나설 때마다 기계적으로 가면을 쓴다. 그것이 영적인 것이든 육체적인 것이든 다른 사람들의 부족한 부분들과 필요에 집중한다. 그때 우리는 훈련된 만큼 자동으로 전환되어 해결사가 된다. 정답을 알며 해결책이 무엇인지도 아는 바로 그 사람 말이다. 사람들은 우리가 길을 안내하길 기대한다. 적어도 우리는 그렇게 믿고 있다. 하지만 그들에게 제대로 다가설 수 없음을 깨달으며 놀라게 되는데, 그 이유가 우리 쓰고 있는 가면 때문이 아닐까 싶다.

제이콥 로웬(Jacob Loewen)은 그의 교훈적인 글에서 사람들이 자신의 가면을 정말로 벗을 때 일어날 수 있는 대단히 감동적인 이야기를 들려준다. 그가 한 그룹의 학생들과 함께 감옥을 방문했을 때의 일이다. 학생들은 수감자들에게 죄에 대한 설교가 별 소용이 없다는 것을 깨달았다. 어차피 수감자들은 대부분 늘 자동으로 자신은 무죄라 주장하기 때문이다. 그들 역시 가면 뒤로 숨는 것이다. 그래서 철창 안에 있는 사람들의 죄가 아니라, 철창 밖에 있는 사람들의 죄에 관해 말하기로 하였다. 로웬(Loewen)은 이렇게 기록한다.

> 해맑은 미소를 지닌 대학 2학년 학생에게 간증을 요청하였다. 그녀가 수감자들 앞에서 일어나 두 손으로 창살을 잡고, 깊은 감정이 섞인 목멘 소리로 이야기를 시작했다. 유명한 목사였던 그녀의 아버지는 자살하였으며 이로 인해 그녀의 인생에는 매우 심한 갈등이 생겼다고 말했다. 그녀는 그 암울한 시기에 자신의 평판을 망쳐버린 아버지를 미워했다는 사실을 고백했다. 하지만 시간이 지나면서 바로 그런 생각들이 자신의 마음에 악한 것이 있음을 보여준다는 것을 깨달았다. 하지만 하나님께서는 변함없이 그녀를 돌보고 사랑하시며, 삶 가운데 평안과 기쁨을 누리고 의미를 찾기 원하신다는 사실을 알고 깊이 감사하게 되었노라 말했다.

이 간증은 감옥의 죄수들이 그동안 들어 왔던 것들과는 사뭇 다른 것이었다. 다른 간증들은 언제나 다음과 같았다. "제가 얼마나 나빴었는지 말씀드리겠습니다. 그렇지만 이제 저는 그리스도인이 되었습니다. 내 삶의 모든 것이 바뀌었습니다. 나는 당신들도 나와 같이 되기를 소원합니다!" 이런 종류의 간증은 죄수들에게 별 영향을 끼치지 못한다. 왜냐하면, 그들은 간증하는 사람이 가면을 쓰고 있다는 것을 알아차리기 때문이다. 그러나 그 여대생의 솔직함은 그들의 마음을 열게 했고, 큰 파문을 일으켰다. 그들 중의 한 명이 말했다. "저는 그 여학생이 왜 그렇게 솔직했는지 모르겠어요.……그렇게 자신의 가면을 벗어야 할 이유가 없었거든요. 별로 나쁜 사람도 아닌데……. 나처럼 나쁜 사람이 아니잖아요."[19]

고린도후서에서 우리는 비슷한 생각을 발견한다. 바울은 진정한 내려놓음이란 자기 확신과 거짓된 자기 부인 사이에 생긴 좁은 길에서 발견될 수 있음을 보여준다. 그는 작고 하찮은 존재가 될 용기를 지니고 있었다. 하지만 그러한 용기를 갖는 순간부터 더는 작고 하찮은 사람이 아니다! 바울은 자신이 주님께 육체의 가시를 제거해 달라고 세 번이나 간절히 구했지만 모두 거절당했음을 인정했다. 게다가 그를 대적하는 자들이 비난하고 공격하였을 때도 그들과 같은 방식으로 자신을 정당화하려 시도하지 않았다. 오히려 그들이 말한 것이 완벽하게 옳다는 것을 인정했다. 그는 모든 비교를 거부했다. 그들이 바울의 연약함은 그가 사도로서 자격이 없다는 명백한 증거라고 주장했을 때, 바울은 그의 연약함이 되었던 바로 그것들에 대해 기뻐하고 자랑하였다(고후 12:9).

바울이 그의 약점을 자랑한 방법은 이 책 마지막 장에서 살펴보려 한다. 여기서는 오롯이 자신의 가면을 벗은 바울이 모든 것을 내려놓음이 필수인 길을 갈 준비가 된 것까지만 다루고자 한다. 연약함을 자랑한 것은 그가 자초하는 순교의 모습도 자신을 파괴하려는 시도도 아니었다. 만약 그랬다면 그것은 자기 부인이 아닌 노이로제 증세를 보여주는 것밖에 되지 않았을 것이다. 그가 대적들의 비난을 받아들였지만, 그것은 대적들의 관점에서 볼 때의 판단이고, 그들이 바울 자신을 짓밟는 것은 용납하지 않았다. 그는 바울이라는 한 인간이 아닌 복음 그 자체가 위협당하는 것임을 알았으나, 복음을 사도의 인격과 깔끔하게 분리하여 생각할 수는 없다는 것도 알았다. 바울은 자신이 복음이라는 보물을 담고 있는 하나의 '질그릇'에 불과하다는 사실을 깨달음과 동시에 복음의 '능력의 심히 큰 것'이 이런 방법으로만 전달될 수 있음도 알고 있었다(고후 4:7).

바울이 이런 이유로 6 장 3 절에 "우리가 이 직분이 비방을 받지 않게 하려고 무엇에든지 아무에게도 거리끼지 않게 하고"라고 명백히 기록한 것이다. 복음이 신뢰를 얻기 위해서는 선교사 자신이 신뢰를 받아야 한다. 그렇지 않으면 그는 걸림돌이 될 것이다. 이 구절에서의 강조점은 "무슨 일에서나"에 있다. 그러므로 바울은 자신에게 아주 커다란 요구를 한 것이다. 그는 자신이 그렇게 하지 않았을 때 발생할 위험을 알고 있었다. 바로 몇 구절 전에 그는 자신의 삶에서 하나님 은혜의 능력을 나타내는 것에 실패하면 고린도 교회 성도들이 받은 하나님의 은혜가 헛될 수 있다는 두려운 가능성을 언급하고 있다(고후 6:1). 바울은 이미 고린도 교회에 보내는 첫 번째 편지에서도 비슷한 문구로 기록했다. "내가 내 몸을 쳐 복종하게 함은 내가 남에게 전파한 후에 자신이 도리어 버림을 당할까 두려워함이로다"(고전 9:27).

진실한 선교사는 어떻게든 그의 삶과 행동을 통해 그리스도가 나타나야 한다는 것을 알고 있다. 선교사는 영화 스크린과 유사한데 영사실 안에 숨겨진 영사기를 통해 생생한 이미지가 거기에 투사된다. 이처럼 그리스도는 배후에 있어 보이지 않지만 그리스도의 이미지가 선교사들의 표면과 내면으로 투사된 후 안에서 형태를 갖추어, 다른 사람들이 우리 안에 있는 그리스도를 알아볼 때 가시적으로 나타난다. 우리 자신이 자각하지 못하는 가운데 그리스도의 형상으로 변화하는 것이다. 쉽게 이해할 수 없는 구절인 고린도후서 3 장 18 절에서 바울이 전하고 싶었던 메시지는 아마도 이것이 아니었을까? "우리가 다 수건을 벗은 얼굴로 거울을 보는 것같이 주의 영광을 보매 그와 같은 형상으로 변화하여 영광에서 영광에 이르니 곧 주의 영으로 말미암음이니라."

베아트리체 클릴랜드(Beatrice Cleland)의 시에도 같은 생각이 나타나 있다.

> 당신이 말한 그 말에 의해서만 아니라
> 당신이 고백한 그 행동을 통해서만이 아니라
> 가장 무의식적으로
> 그리스도는 표현됩니다.
> 그것은 아름다운 미소일까요?
> 당신의 이마가 거룩하게 빛날 때인가요?
> 오, 아닙니다. 당신이 지금 활짝 웃었을 때
> 나는 그분의 임재를 느꼈습니다.
> 나에게 그것은 당신이 가르친 진리가 아니었습니다.
> 당신에게는 명확하지만, 저에게는 아직 희미합니다.
> 하지만 당신이 나에게 왔을 때
> 당신은 그분의 느낌을 가져왔습니다.

당신의 눈에서 그분은 나에게 손짓합니다.
당신의 가슴에서부터 그분의 사랑이 솟구칩니다.
나에게 당신이 보이지 않고
대신 그리스도가 보일 때까지.

4

그리스도를 위한 섬김

(고린도후서 3:1-3; 7:2-16)

앞장에서는 주로 선교사의 인격과 존재가 그가 전달하는 메시지 일부가 된다는 맥락에서 선교사의 영성을 살펴보았다. 4장 역시 방향은 같으나, 현지인들과 현지 교회들의 관계를 중심으로 살펴보려 한다.

교회는 하나의 인간 세계에서 다른 세계로 넘어갈 때, 즉 지리적, 문화적, 인종적, 언어적, 또는 사회적 경계를 넘을 때 진정한 본질을 발견하게 된다. 개별 신자 특히 선교사에게도 이 점은 그대로 적용되며 선교사는 확실히 이러한 경계 대부분을 넘어가게 된다. 물론 모국을 떠나기 전의 모습을 그대로 유지하는 선교사가 있는 것처럼 전통적 의미의 선교사가 된 적도 없고, 물리적으로 모국을 떠난 적이 없음에도 불구하고 다수의 선교사보다 더 많은 경계를 넘어선 사람들도 있다. 하지만 선교사들은 그들이 넘어선 많은 경계 덕에 풍요로움과 갱신의 놀라운 모험을 경험케 될 가능성이 있다.

로마 가톨릭 신학자, 이반 일리히(Ivan Illich)는 선교학을 경이로운 방식으로 정의한다.

> 선교학은 새로운 민족들 속에 교회(the Church)가 성장하는 것, 그 사회적 경계를 넘어서 교회가 탄생하는 것, 교회가 그동안 편안하게 사용하던 언어 외에 다른 언어를 사용하는 사람들과의 언어학적 경계를 넘어가는 것, 교회가 그 자녀들에게 가르쳤던 시적 이미지를 넘어서는 것을 연구한다. 교회는 자신의 새로운 이미지에 경탄하게 된다. 그 이미지 속에서 교회는 아주 오래된 지식이 처음으로 충만한 의미가 될 수 있음을 경험한다.……그러므로 선교학은 경이로움의 교회를 연구하는 학문이다.[20]

나는 이 모든 것이 바울의 인격과 사역에서 훨씬 더 분명해질 것이라 믿는다. 그의 사역에는 어떤 경이로운 요소들이 분명 존재한다. 그렇다고 해서 그의 '선교 신학'이 다메섹 도상에서 일어난 회심 직후에 즉시 만들어졌다고 생각하면 절대 안 된다. 사실, 그 사건 이후 20년이 지나 그가 소아시아를 횡단할 때도 그의 선교 신학은 다듬어지지 않은 상태였다. 그는 경이로움을 연속적으로 경험하면서 비로소 진정한 복음이 무엇인지를 점진적으로 깨닫게 된다. 그의 신학적 발전뿐만 아니라 영성 성장에도 이방인 회심자들이 큰 영향을 주었다는 것에는 의심의 여지가 없다. 예를 들어, 유대인의 율법에 대한 그의 태도를 생각해 보자. 바울이 그리스도인이 된 초기, 그가 율법에 대한 당시 유대인들의 이해와 그리스도에 대한 자신의 신앙이 조화를 이루리라 자신했다 하더라도 놀라운 일은 아니다. 초기의 바울은 아마도 이방인 중에 유대교 신앙을 갖게 된 사람들(Judaizers)과 별다를 것 없는 생각을 했을 것이다. 하지만 율법에 관한 자기 생각과 유대인 혈통 그리고 바리새파 사람이었다는 것을 밝히게 될 때까지 매우 많은 일이 일어났음이 분명하다.

그러나 무엇이든지 내게 유익하던 것을 내가 그리스도를 위하여 다 해로 여길 뿐더러 또한 모든 것을 해로 여김은 내 주 그리스도 예수를 아는 지식이 가장 고상하기 때문이라 내가 그를 위하여 모든 것을 잃어버리고 배설물로 여김은 그리스도를 얻고 그 안에서 발견되려 함이니 내가 가진 의는 율법에서 난 것이 아니요 오직 그리스도를 믿음으로

말미암은 것이니 곧 믿음으로 하나님께로부터 난 의라(빌
3:7-9).

바울과 야고보의 차이점뿐만 아니라 바울과 베드로의 차이
점에 관한 연구도 많다. 그들 사이에는 강조하는 바가 서로
다르다는 차이점이 있다. 그 차이 중 적어도 몇 가지는 유대인
과 이방인 사이의 경계를 넘었던 바울에 비해, 베드로와 야고
보는 본질적으로 유대교 경계 안에 머물렀기 때문에 생겨난
것으로 본다.

성령께서 바울을 헬라인에게 보내신 목적은 단지 그들을 복
음화하기 위한 것만이 아니라, 바울로 하여금 자신의 메시지의
진정한 핵심을 보게 하기 위한 것이기도 했다.[21] 그렇다면 현재
의 선교사들에게도 이를 적용할 수 있지 않을까? 그렇다. 성령
께서는 다른 문화와 상황 속에 있는 그리스도인들의 매개(me-
diation)로 해서 우리에게 새로운 많은 것을 드러내 보여주신
다.

나를 지속적으로 놀라게 하는 것은 선교사 중에 평생을 다른
문화권에서 보냈음에도 불구하고 처음 선교지에 도착했을 때
의 모습 그대로, 기본적으로 아무런 변화 없이 지내는 사람들
을 지금도 계속 만나게 된다는 사실이다. 이것이 내가 다시

한번 말하고 싶은 점이다. 그들 중 일부는 심지어 선교지로 떠나기 전과 전혀 달라지지 않은 채 고착화 된 사람들도 있다는 것이다.

이것은 단순히 복음을 효과적으로 전하느냐의 문제가 아닌, 선교사 영성의 전반(全般)과 관련된다. 이 사태의 원인은 대다수 서양인이 다른 인종을 사람으로 인정하고 받아들이는 능력이 부족하기 때문이라고 생각한다.

당신은 여기서 눈썹을 치켜뜬 채 이렇게 말할지도 모른다.

저자는 남아프리카공화국 사람이죠? 백인들이 손톱만큼의 자비도 없이 흑인을 인간 취급하지 않는 그 나라 말이에요. 그런 곳에서 살았으니 이 문제에 몰두하고 있는 것 아닌가요? 다른 지역에는 이런 문제 자체가 없어요. 더더구나 선교사들에게는 전혀 존재하지 않는다고요.

정말 그렇다고 확신할 수 있으면 좋겠다. 하지만 안타까운 것은 서구의 우월주의는 뿌리가 상당히 깊다는 것이다. 가능한 모든 주의를 기울여 억제하려 하나 다양한 모양으로 남아있는 것이 사실이다.

1장에서 미국 선교사 중 첫 임기 중 실패한 사람들의 실패 원인을 고든 프레이저의 연구를 통해 살펴보았다. 그가 제시한

조사 영역 12 개 항목 중 하나가 "현지인들과 현지 동역자들에 대한 우월감을 버리지 못함"이었다. 이 항목은 전체 실패 원인 중 13%를 차지했는데, 이는 12 개의 영역에서 3 번째로 높은 것이다! 당신은 또 이렇게 말할 수 있다. "그 내용에 동의하지만, 그 조사는 이미 10 여 년 전에 이루어진 것입니다"라고요. 그렇다면 나는 다시 이렇게 묻고 싶다. 이제는 상황이 많이 달라졌다고 확신할 수 있을까? 아니면 그때에 비해 우리의 우월감을 숨기는 데 더 좋은 방법을 터득한 것은 아닐까? 이 우월감이 수천 가지 교묘한 방식으로 드러남을 안다면 도움이 될 수도 있을 것이다. 이런 우월감은 현지 교회가 현지인이 아닌, 선교사를 위해 존재하는 것 같이 행동할 때 나타난다. 또한 선교사의 사랑이 선교사로부터 현지인들에게로 향하는 일방적인 형태로 나타나 현지인들에게 베푸는 일과 행동을 계속할 때, 그러한 우월감을 감지할 수 있다. 그리고 현지 그리스도인들이 "선교사님은 우리를 주님 안에서만 사랑하는 것 같아요." 라고 말할 때, 또한 안식년을 맞아 본국으로 돌아가는 똑똑하며 능력 있는 선교사를 향해 현지인 목사가 "정말 안타까워요, 그분은 우리와 함께 있는 동안 아무것도 배우지 못했어요. 항상 모든 것을 알고 있었으니까요."라고 말하는 것을 통해서도 나타난다.

어떤 선교사들은 단순히 자신의 출신을 부정함으로써 그 문제를 풀 수 있다는 순진한 생각을 한다. 아프리카의 한 나라에서 일하는 어떤 미국 선교사는 이렇게 말하곤 했다. "항상 나는 미국인이라는 것을 잊으려 애쓴다." 물론 좋은 말이다. 하지만 아프리카 현지인들도 그가 미국 사람이라는 것을 잊을 수 있을까? 당연히 그렇지 않다. 그래서 서구에서 온 선교사들은 자신이 상상할 수 있는 모든 장애물을 극복하는 데에 성공했다 할지라도 그의 인종적 이미지는 항상 부담으로 남는다. 예를 들어보자. 네덜란드 개혁주의 교단의 어느 백인 선교사가 한 흑인 의대생에게 편지를 쓴 적이 있다. 학생은 네덜란드 개혁주의 교단의 흑인 목사 아들이었고, 백인 선교사도 그 사실을 알고 있었다. 선교사는 그 학생이 여러 가지 문제와 씨름하며 좌절한다는 이야기를 듣고 격려차 편지를 썼는데, 두 달 뒤에 이런 답장을 받았다.

목사님께,

보내주신 편지는 잘 받았습니다만 해야 할 공부가 너무 많아서 이제야 답장을 씁니다. 하지만, 사실 답장이 늦은 데는 또 다른 이유가 있습니다. 네덜란드 개혁주의 교단의 백인 목회자들과 어떤 관계를 맺는 게 좋은지 잘 모르겠더라고요. 제 아버지와 함께 일하는 백인 목사들은 대체로 오만하고 잘난 체하며 무례한데, 목사님의 성(姓)도 아프리칸스(Africaans, 네덜란드어가 변형되어 만들어진 남아공의 공용어—역자 주)인 걸 보면, 그 이름 때문에 욕깨나 먹겠다 싶습니다.

제가 솔직하게 말씀을 드린 것이 무례하다고 느끼신다면, 그것은 제 의도가 아니라는 것을 알아주셨으면 좋겠습니다.

부모님도 목사님께 답장을 드리라고 하셨지만, 이번 편지를 포함해서 매번 쓰려고 할 때마다 정말 무슨 얘기를 나누어야 할지 몰라서 무척 힘들었습니다.

이런저런 이유로 아버지께는 그 문제를 어떻게 해야 할지 여쭙지 못했습니다. 하지만 목사님께서 흑인들이 네덜란드 개혁주의 교단과 어떻게 관계를 맺어가야 하는지, 또 어떤 정체성을 가지고 살아야 하는지 말씀해 주신다면 큰 도움이 될 듯합니다. 감정적인 수준의 대답이 아닌, 합리적이고 논리적인 수준으로 답변해 주시기를 부탁드립니다.

늘 평안하시기를 바라며.
당신의 신실한 N. N.으로부터

이 극단적인 예는 우리 백인들이 서구인이라는 사실을 어떤 경우에도 잊어서는 안 되며 부담을 늘 짊어지고 다닐 수밖에 없음을 보여준다. 별로 대수롭지 않게 보이는 많은 일에도 관심을 쏟아야만 한다는 걸 깨닫는 데 도움이 될 수 있다고 생각한다. 더 나아가 나는 우리의 태생(origins)을 잊어버리는 것은 불가능할 뿐만 아니라 불필요한 일이며 잘못된 것이라는 점을 덧붙이고 싶다. 바울은 빌립보 성도들에게 보낸 편지에서 언급한 것(그가 히브리인인 중의 히브리인이지만 그것을 배설물로 여겼다는 것, 빌 3:4-9)이 있음에도 불구하고 계속 유대인으로 살았다. 자신의 태생에 깊이 뿌리를 내리고 있을 때만 다른 민족에 속한 사람들과도 의미 있는 관계를 맺을 수 있다. 탄자니아에서 사역한 프랑스의 로마 가톨릭 선교사인 조이넷(B. Joinet)은 이와 관련하여 "나는 내 아버지 집에 사는 낯선 사람"이라는 제목으로 감동적인 글을 썼다. 이 글은 여러 언어로 번역되었고, 많은 잡지에 실렸다. 몇 년 후에 그는 "나의 주인 집에서 말한다"라는 제목으로 이를 보충하는 글을 썼다.[22] 두 글에서 조이넷은 선교사와 현지 교회의 관계 전반에 대해 비범한 수준의 인식을 보여주었다. 이 두 가지 글의 내용과 더불어 그 제목이 강한 인상을 준 것은, 내가 내 나라, 내 고향의 원주민으로 남아있는 한 나는 어쩔 수 없는 이방인 즉 손님일 수밖에 없다는 것이다. 이 경우 두 가지 점에서 실수를 범할 수 있다. 외부인으로서의 정체성이 확고하여 현지 교회와는 거리를 두기 때문에 그들과의 동일시가 불가능하거나, 마치 현지인인 양 그들에게 자신을 받아들이라고 강요하는 것이다.

이런 점에서 고린도 교회에 보낸 바울의 두 번째 편지는 무엇을 말해 주는가? 바울은 우리처럼 식민주의 시대의 유산으로 물려받은 문제는 없었으나, 여러 주요한 문제들의 원인이 되었던 유대인과 이방인의 관계가 숙제로 주어졌었다. 사실, 바울이 만일 헬라인이었다 해도 고린도 사람이 아닌 이상 같은 긴장을 경험해야 했을 테지만 말이다. 바울은 자신이 외지인이며 손님이라는 사실을 잊고서 마치 고린도 사람인 양 행동하며 자신을 받아들일 것을 요구하거나, 닫힌 문틈 사이로 억지로 밀고 들어가려 하지 않았다. 반대로 그들로부터 스스로 거리를 두고 언제나 외부인으로 지내지도 않았다.

바울이 자신과 고린도 교회의 관계를 설명하기 위해 사용한 이미지 중 가장 인상적인 것은 그들을 "그리스도에게서 온 편지"라고 표현한 것이다(참조. 고후 3:1-3). 바울의 대적들은 다른 곳에서 훌륭한 추천서를 갖고 고린도에 도착했다. 바울 자신은 고린도 교회가 바로 그에 대한 추천의 편지였기 때문에 그런 추천서나 신임장이 필요하지 않았다.

이 추천의 편지가 어떻게 씌었는지 매우 놀랍게 묘사되어 있다. 보통 선교사들은 "내가 이곳에 교회를 세웠다"라고 하거나, "거기에서 회중 모임을 시작했다"라고 자신이 한 일에 대해 말하는데, 바울은 자신이 이 편지를 썼다고 주장하지 않는다. 그는 이 편지의 저자는 그리스도이시며, 살아계신 하나님의 영으로 편지를 직접 쓰셨다고 말한다. 바울은 하나님의 편지를 전달한 대사(大使)일 뿐이다. 헬라어로 기록된 이 편지의 의미는 "우리로 말미암아 나타났다" 또는 "우리의 섬김을 통해 준비되었다"(고후 3:3)라고 할 수 있다. 이 편지는 모든 사람이 그 내용을 알 수 있고, 누구나 읽을 수 있는 것이라고 바울은 말한다. 이 편지는 일차적으로는 그 저자, 즉 하나님에 대해 증언하는 것이지만, 의심할 나위 없이 하나님의 대사(大使)에 대해서도 증언하고 있다.

더 나아가, 바울은 자신을 그리스도를 위한 고린도 교회의 종이라고 칭한다(고후 4:5). 실제로, '종'이라는 단어와 그와 관련된 표현들은 이 편지에서 중요한 위치를 차지한다. 바울은 자신과 동료들을 "새 언약의 일꾼들"(3:6) 그리고 "하나님의 일꾼들"(6:4)이라고 불렀다. 그는 "영의 직분"(3:8)과 "의의 직분"(3:9) 그리고 "화목하게 하는 직분"(5:18)을 언급하고 있다.

오늘날에는 하나님의 일꾼이 되는 것과 교회의 일꾼이 되는 것, 하나님을 섬기는 것과 사람을 섬기는 것 사이에 갈등이 존재하는 경우가 적지 않다. 최근의 신학적 논의에서는 이러한 것들을 종종 상호 배타적인 것으로 보는 경향이 있다. 교회는 하나님을 위한 교회이거나 사람을 위한 교회, 이 둘 중 하나라고 본다. 바울이 만일 이러한 신학적 논쟁에 대해 알게 된다면 정말 깜짝 놀랄 것이다. 다른 사람들을 위한 교회가 되는 것이 곧 그리스도를 위한 교회가 되는 것이고, 그 반대도 마찬가지이다(고후 2:14-16; 3:3; 4:5; 5:13; 12:15, 19). 그리스도를 위하여 산다는 것은 만남(encounter)의 구체화를 통해 다른 사람들을 위해 사는 것이고, 그들을 섬기는 것이다.[23] 이미 언급한 것처럼, 하나님과 사람은 우리의 사랑의 대상으로써 서로 경쟁적인 위치에 있는 것이 아니며 결코 그리되어서도 안 된다.

바울은 이러한 복음의 정신으로 고린도 교회에 접근했다. 그는 사도직의 권위를 내세워 그들의 충성을 요구할 수도 있었지만 그렇게 하지 않았다. 그는 거절의 위험을 감수할 준비도 되어있어서, 그들이 원치 않는다면 자유롭게 거부하도록 철저히 자율적인 결정에 맡겼다. 이렇듯 강압적인 모습이 아니라, 상처를 받는 것도 감수하려는 자세를 보임으로써 조이넷(B. Joinet)이 언급했던 섬세한 균형을 찾는다. 그는 아버지 하나님의 집에서 일정한 권리를 갖고 있으나, 어떤 권한이나 권리 주장도 없는 외지인으로 지냈다.

선교사로서 우리의 문제는 선교지 어린 교회의 종이 되고 싶으나, 우리 방식으로 종이 되려 한다는 데 있다. 조이넷에 의하면 선교사들은 모두가 세례 요한처럼 "그는 흥하여야 하겠고 나는 쇠하여야 하리라"(요 3:30)고 말하기를 좋아하지만, 현장에서 물러서 있을 때만 그렇게 하는 경우가 많다. 솔직히 실제 사역 현장에서, 쇠하여지기를 원하는 사람이 누가 있겠는가? 우리가 그들보다 우월하다는 절대적인 확신이 있는 한, 어린 교회의 상황이 매일 재앙을 향해 가는 증거를 매일 보게 되고, 가능한 한 빨리 우리가 개입하는 것이 옳다고 생각한다. 그러니, 그가 흥하고 내가 쇠하여야 한다는 원칙을 적용하기 어려운 것이다.

그렇다고 선교사들이 전혀 개입하지 말아야 한다는 것은 아니다. 하지만 문제에 대처하는 데는 여러 방법이 있다고 분명히 믿는다. 조이넷의 또 다른 비유에 의하면 우리 자신을 운전자로 볼 수도 있고, 스페어타이어로 볼 수도 있다. 운전자는 모든 운행 과정을 통제하며 자기가 선택한 방향으로 운전하지만, 스페어타이어의 역할은 보완적이다. 예를 들어, 가장 가까운 정비소가 200마일 떨어져 있는 경우라면, 스페어타이어의 역할은 아주 중요하다. 고린도 교회에 보내는 이 편지에서 바울은 운전자보다는 스페어타이어 같은 역할을 한다. 그는 운전대를 넘겨달라고 요구하지 않을뿐더러 어떤 경우에도 그렇게 해 보면 어떻겠느냐고 제안도 하지 않는다. 바울은 전반적으로 좋은 성능의 스페어타이어가 할 일을 정확히 해낸다. 그는 고린도 교인들이 필요로 할 때, 항상 그 자리에 있어서 언제든지 그를 활용할 수 있음을 분명히 알려주어 그들을 안심시켰다. 하지만, 바울은 그들이 '타이어를 망가트린 후' 그가 그들을 향해 달려가야 하는 일이 벌어지는 것을 전혀 원하지 않았다. 실제로 그는 타이어가 터져버리는 상황을 방지하기 위해 총력을 기울였다. 그래서 그는 가능한 한 부드럽고 자상하게 교회를 돌봤다.

이런 보살핌은 특히 고린도후서 7장에서 분명하게 드러난다. 그는 고린도 자동차로 도로 주행 테스트를 해 보았고 그 결과 대체로 적합한 것으로 평가했다. 그는 "너희를 대단히 자랑한다"라고 그들에게 말한다(4절). 디도의 도착은 바울의 마음을 더욱 편하게 해 주었다. "그가 온 것뿐 아니요 오직 그가 너희에게서 받은 그 위로로 위로하고 너희의 사모함과 애통함과 나를 위하여 열심 있는 것을 우리에게 보고함으로 나를 더욱 기쁘게 하였느니라"(7절). 그는 전에 보낸 편지로 그들을 근심하게 한 것을 후회하면서도 동시에 "근심함으로 회개함에 이른 까닭이라"(9 절)라고 감사한다. "보라 이 근심이 너희로 얼마나 간절하게 하며……그 일에 대하여 일체 너희 자신의 깨끗함을 나타내었느니라"(11 절). 바울은 그 자신이 큰 위로를 받았을 뿐만 아니라, 그 "위로 위에 디도의 기쁨으로 우리가 더욱 많이 기뻐함은 그의 마음이 너희 무리로 말미암아 안심함을 얻었음이라"(13 절)며 고백한다. 계속해서 바울은 디도에게 고린도 교회 성도들을 자랑하며, "자랑한 것"이 "참되게 되었다"라고 기뻐한다(14 절). 바울은 넘치는 기쁨으로 "내가 범사에 너희를 신뢰하게 된 것을 기뻐하노라!"(16 절) 라고 말하면서 결론을 맺는다.

바울의 염려는 이처럼 고린도 성도들에 대한 것이 아니었다. 그가 두려워한 것은 다른 운전자들이 나타나서 고린도 교회를 탈취할지도 모른다는 것이었다. 그가 섬기려고 했던 것은 그들에게 탈취자들에 대해 경고하기 위한 것이었다. 우리를 다시 한번 놀라게 하는 것은 밀접히 관여하여 그들과 같게 여기는 것과 약간 물러서서 관망하는 것 사이의 미묘한 긴장감을 유지하였다는 것이다. 바울은 고린도 교회 성도들이 매우 절박할 때에도 절대 타협하지 않았지만, 어떤 식으로든 그들을 포기하지도 않았다.

오늘날의 선교사들도 같은 딜레마에 빠져 있지만, 온정주의와 인종적 우월감의 역사로 인해 현지의 어린 교회 성도들과 너무 친밀하여 지나치게 동일시되는 위험은 매우 적다. 우리는 선교지의 한 민족에게 복음을 전해주고, 현지에서 고유한 사역을 할 어린 교회를 세우고, 몇 가지 서양식 행정 시스템을 가르쳐 주면 우리의 책임을 다한 것으로 쉽게 생각하곤 한다. 이 모든 과정에서 대부분 일방적인 의사소통을 하는 것이다. 우리는 그들이 어떻게 행동하고, 무엇을 해야 하며, 어떻게 믿어야 하는지 또한, 무엇을 그만둘지를 정확하게 말해 준다. 주의 깊게 준비된 복음이라는 처방을 하는 것이다. 그러나 이것이 바로 문제의 핵심이다. 그들이 이 모든 것을 우리와 함께 경험할 기회를 거의 주지 않는다는 것이다. 그러니 탐색하고 찾아가는 발견의 여정을 우리와 함께 하지 않는다. 그들은 그저 이것을 하라, 이렇게 믿어라, 그리고 그냥 두라고 한 지시를 따르고 결과만 받을 뿐이다. 준비된 답을 받아든 그들은 문제 해결을 위한 씨름이 필요치 않은 것이다.

3장에서 이러한 일방통행식 소통을 선호하는 근본적인 원인 중 하나를 살펴보았다. 우리는 현지인들이 우리들의 갈등과 약점, 그리고 영적 성장의 과정들을 들여다보는 것을 원하지 않기 때문에, 우리 자신을 드러내기가 어렵고 가면도 벗으려

하지 않는다. 우리는 이미 모든 답을 가진 완성된 인간이며, 우리처럼 되려면 무엇을 해야 하는지를 알려주러 그곳에 온 사람처럼 행동한다. 우리는 그들을 전혀 괴롭히지 않는 질병에 대해 기어코 처방전을 발급하는 의사가 되려 한다.

그 결과, 우리는 사람을 세워나가는 것이 아니라 앵무새를 훈련하는 경우가 많다. 현지의 어린 교회의 그리스도인들은 우리와 같은 소리 내는 법을 배우게 되고, 그들에게서 그러한 소리를 듣게 될 때 선교사역이 성공했다 믿는다. 하지만, 이것은 자신을 속이는 것이다. 우리는 그들이 설교하거나 간증을 하면 "정말 멋지다! 우리의 사역은 정말 엄청나게 축복받은 것이다!"라고 말한다. 잠비아로 파송된 스코틀랜드의 선교사는 그 나라의 어린 교회에서 경험한 일에 관하여 이렇게 말한다. "우리가 이곳의 교회에 처음 왔을 때, 복음적인 모습과 복음적인 설교의 힘에 깊은 인상을 받았다.……얼마 후, 우리는 그 설교 전체가 우리의 전임자들로부터 배운 정해진 공식에 따라 외워서 한 것이며, 그 내용을 믿는 자든 믿지 않는 자든 그들 모두의 일상적인 삶과는 거의 관계가 없다는 것을 알게 되었다."[24]

젊은 그리스도인들은 선교사가 하던 그대로 알맞은 말을 그저 되풀이했을 뿐, 메시지가 전혀 내면화되지 않은 상태였다.

그들은 그리스도인이 된다는 것이 어떤 의미인지, 선교사들과 함께 발견해가는 기회를 얻지 못한 것이다. 이런 이유로 우리가 늘 말하는 것처럼 원주민의 기독교는 수준이 낮고 실망스러울 때가 적지 않으며, 그들 중에 가장 거룩한 간증을 한 사람에게서조차 실망스러운 모습이 나타나기도 한다. 이런 그리스도인은 '전혀 이해할 수 없는' 충격적인 죄를 저지르기도 하여, 두려움에 휩싸인 우리가 두 팔을 번쩍 들게 만들기도 한다.

문제는 어디서부터 무엇이 잘못되었는지 찾아내야 한다는 것이다. 책임이 그들에게 있는가 아니면 **우리**에게 있는 것인가? 토론을 위해 논점을 분명히 해 보자. 만일 우리가 아주 오만하게 보일 만큼 다른 나라의 그리스도인들보다 영적으로 안정적이며 앞섰다는 생각이 든다면, 그것은 과연 무엇 때문이겠는가? 어떻게 이런 위치까지 오게 되었을까? 우리를 향해 일방적인 영적 소통(traffic)이 이뤄졌기 때문일까? 아니다. 우리는 그것 때문이 아니라는 것을 알고 있다. 우리가 여기에 이르게 된 것은 다른 사람들과 함께 하는 친밀한 믿음의 경험을 통해서이다. 또한, 빛과 성장을 찾기 위해 함께 애쓰며, 다른 그리스도인들과 더불어 토론하고 기도했기 때문이다. 그뿐만 아니라 때로는 괴로운 일도 함께 겪으며 여기에 이른 것이다.

그렇다면 우리가 그들과 이 길을 함께 걷는 것 외에 다른 방법으로 하나님의 사랑과 은혜의 친밀한 경험을 전할 수 있을까? 나는 진심으로 그럴 리 없다고 생각한다. 줄을 당기는 대로 움직이는 꼭두각시처럼 그들을 만들 수는 있겠지만, 성숙한 그리스도인이 되도록 도울 때 얻는 기쁨은 경험하지 못할 것이다.

아프리카의 많은 언어 중 줄루(Zulu)어에 "사람은 타인을 통해야 사람이다"(*Umuntu ngumuntu ngabantu*)라는 속담이 있다. 다른 말로 표현하자면, "사람은 섬이 아니다. 사람은 오로지 사람을 통해서만 사람이 된다"라는 의미이다. 이 속담에는 심오한 지혜가 담겨 있다. 우리는 타인의 인간다움(humanity)을 통해 사람답게 되어가며 성숙해진다. 이는 아프리카의 흑인들에게 분명하게 나타난다. 예를 들면, 예배 후 흑인 그리스도인들에게선 집에 가고 싶은 기색이 전혀 보이지 않는다. 마치 뭔가 불만족스러운 듯, 다른 어떤 것을 기다리는 것처럼 한동안 서성이곤 하는데, 설교와 일방적인 소통을 강조하는 종교적 예배의식만으론 충분하지 않았던 거다. 서로 나누고, 교제하며, 서로에게 다가가고 싶은 마음이 남아있던 것이다. 이런 모습이야말로, 우리가 그들을 사랑하고 동일시하는 데 실패했다고 비난받는 이유가 아닐까?

우리는 제3세계 사람들에게 무엇을 제공하러 갔는지 일반적으로 정확히 알고 있다. 신앙, 구원, 교육, 의료 서비스, 기술 개발, 사회 발전 등이다. 그러나 우리가 무엇을 받기 위해 갔는지는 정확하게 알지 못한다. 그저 가난한 친척들을 방문하여 조카들에게 초콜릿과 용돈을 나누어 주는 부자 삼촌으로서 가는 경우가 많다. 몇 년 전, 올랜도 코스타스(Orlando Costas)는 풀러 신학교(Fuller Theological Seminary)에서 "풍요 속의 선교"(Mission Out of Affluence)라는 제목으로 강연했다.[25] 여기서 풍요란 단지 문자적인 의미의 부유함만을 나타내는 것이 아닌, 그 이상의 뜻이 있다. 풍요란 다음과 같은 정신 상태 전반을 의미한다. 즉, 다른 사람에게 의존하지 않고, 다른 사람과 상관없이 혼자서 일을 해나갈 수 있으며, 나눌 것이 있을 만큼 여유 있는 상태를 말한다. 그리고 서양인들의 마음속에는 경제만이 아닌 기술, 심지어 영적으로까지 베풀어야 한다는 생각이 자리잡고 있다. 풍요로운 우리는 돈이나 인력, 노하우와 신앙을 그들에게 나누어 준다. 그것이 우리에게는 별다른 희생이 아니기 때문이다. 그저 여분이 많으므로 이 정도는 없어도 그만이다.

이런 부자 삼촌의 태도와 부족함을 메꿔주는 이미지는 우리 선교사역에 치명적인 결과를 가져왔다. 스리랑카의 저명한 교회 지도자인 다니엘 닐스(Daniel T. Niles)는 '거지'라는 또 다른 이미지를 제시했다. 그는 선교사란 어디에 가야 빵을 찾을 수 있는지 다른 거지들에게 알려주는 거지라고 말한다. 그렇다면 우리는 모두 거지다. 차이가 있다면 우리는 어디에 가야 먹을 것을 찾을 수 있는지 알며, 그들은 모르고 있다는 것뿐이다. 그러나 그들과 마찬가지로 우리 또한 빵이 있어야 살 수 있는 존재들이다. 그리고 그들과 그것을 나눌 때 빵의 진정한 맛과 영양적 가치를 온전히 알 수 있게 된다. 그러므로 우리의 선교사역은 빵에만 의존하는 것이 아니라, 함께 나누는 그들에게도 의존한다는 사실을 간과해서는 안 된다. 진실한 사랑이란 자신을 다른 사람에게 주는 것만으로는 이루어질 수 없다. 조이넷의 지적처럼 그런 사랑은 받는 사람이 열등감을 느끼게 할 수 있기 때문이다. 선교사와 현지인의 관계는 생색나지 않게 자선을 베푸는 은인과 불편하나 베풂을 받을 수밖에 없는 수혜자의 관계였음을 부정할 수 없다. 반면 진실한 사랑은 의존적인 자신을 솔직히 인정하고 상대로부터 뭔가를 기대하는 것이다. 이러한 태도는 자기를 탐지하고, 자신도 베푸는 방법을 발견하는 데 도움이 된다. 내가 누구에겐가 줄 수 있는 가장 좋은 것은 그가 베푸는 사람이 되게 해 주는 것이다. 이것이 바로 바울이 에베소서 4 장 16 절에서 말하고자 했던 것이 아닌가?

> 그는 머리니 곧 그리스도라. 그에게서 온몸이 각 마디를 통하여 도움을 받음으로 연결되고 결합되어 각 지체의 분량대로 역사하여 그 몸을 자라게 하며 사랑 안에서 스스로 세우느니라.

상호의존의 베풂에는 중요한 긍정적 부작용이 따른다. 상호의존 관계는 서로 주는 것뿐만 아니라, 바라는 것에 있어서도 담대해진다. 서로에게 닫혀 있는 문이 아니라 열린 문이 되는 것이다. 예를 들면 어느 날 요하네스버그의 덕망 높은 흑인 감리교 목사가 백인 친구 사무실에 들어가자마자 그의 멱살을 잡고 격렬하게 흔들며 그와 모든 백인을 향해 그들이 흑인들에게 한 짓에 대한 비난의 말을 쏟아부었다. 백인 친구는 너무 놀라서 한동안 어리둥절한 채 있었다. 흑인 목사는 도시의 어디에선가 백인 관리로부터 굴욕적인 일(한 번이 아닌 여러 번에 걸친)을 겪었으나 자신의 감정과 기분을 당시에는 표현할 수 없었다. 그래서 그는 자기의 모든 억눌린 분노를 자신이 정말로 신뢰했던 백인 친구에게 풀어놓은 것이다. 사실 그가 그날 보여준 행동은 신뢰의 표현이며 상호 수용과 의존의 증거였다.

1974년 로잔 세계 복음화대회 기간 중 어느 날 저녁, 나와 남아프리카공화국의 다른 백인 한 명, 대여섯 명의 같은 나라 흑인들, 두 명의 메노나이트 미국인들이 함께 저녁 식사를 하고 있었다. 우리는 저녁 식사 후에 본회의장에 들어가는 대신 그룹으로 대화를 이어갔는데, 곧 한 가지 패턴이 생겨났다. 흑인들은 남아프리카의 흑백분리 인종차별 사회에서 겪은 유머러스한 일화를 얘기하고 있었다. 그들의 이야기는 끝없이 이어졌고, 정말 박장대소할 만한 재미있는 이야기들도 있었다. 나는 그들 중 고령의 흑인 성공회 감독이 자신의 일화를 얘기하지 못할 만큼 웃음을 참지 못한 것을 기억한다. 나는 그때 일이 어떤 것인지 점차 깨닫게 되었다. 우리는 재미와 웃음이 슬픔과 매우 가까우며, 실제로 슬픔을 삭이는 데 도움이 된다는 것을 알고 있다. 유머에는 치료 효과가 있다. 그러나 나는 그 이상의 무엇이 있었다는 생각을 멈출 수 없었다. 우리 네 명의 백인들—두 명의 남아프리카인들과 두 명의 미국인들—은 그날 저녁 네 명의 흑인들의 농담과 항거의 대상이던 바로 그런 사건을 상징하는 존재들로 필요했던 것이다. 하지만 우리와 함께한 자리에서 그들이 그렇게 할 수 있었던 것은 신뢰의 표시이자 수용과 상호의존적인 관계를 보여주는 징표이기도 했다. 실제로 그들은 우리가 서로를 필요로 하는 존재라고 말했었다.

이러한 실제적인 두 사례는 우리에게 지금 무엇이 가장 문제인지 보여주는지도 모른다. 서로를 의존하는 상태는 일반적으로 장엄하고 극적인 상황에서 표현되기보다 일상적인 만남과 매일 일어나는 사건 속에서 표현된다.

여기에는 다른 면도 존재한다. 만일 우리가 서로 안전한 거리를 유지한다면, 제3세계 많은 사람이 고통스럽게 겪고 있는 누추함과 비참함에 대해 냉담하고 무감각해지기 쉬운 실제적 위험이 따른다. 그런가 하면 반대의 상황에 빠질 위험도 있는데, 그들의 고통을 덜어주지 못한다는 죄책감 때문에 견딜 수 없을 만큼 숨이 막히며 지독한 부담을 느끼게 되는 것이다. 많은 선교사가 다른 사람의 가난과 불결함, 악과 죄를 너무나 통렬하게 느낌으로 그들 자신의 정신적 온전함과 신앙 모두 위태로워지는 상황에 처하게 된다. 그런가 하면 새로운 형태의 온정주의와 지나치게 자신을 낮추는 형태의 과잉보상으로 나타나기도 한다.

다시 한번 말하지만, 해답은 냉담과 과도한 관심 사이에서 적절한 균형을 취하는 데 있는 것이 아니라, 오히려 모든 것이 우리 하기에 달린 것처럼 전심으로 우리 자신을 다 내어주면서 동시에 모든 것이 주님께 달린 것처럼 우리의 모든 염려를 주님께 맡기는 데 있다. 우리는 우리의 책무와 동참해야 할 책임을 적당한 핑계로 회피해서는 안 되고, 이룰 수 없는 것을 꼭 해내야 한다는 감당할 수 없는 부담으로 인해 자신을 짓눌러도 안 된다. 우리의 선한 일들은 우리 믿음의 징표이며 증거이다. 하지만 우리가 의롭게 되는 것은 우리의 모든 선행에 의해서가 아니라 최종적으로는 믿음에서 비롯된다. 그러므로 우리의 모든 연약함과 심지어 실패까지도 주님께 모두 맡길 수 있는 것이다.

5

연약할 수 있는 용기

(고린도후서 4:1-18; 5:11-17; 6:1-10; 12:6-10)

고린도 교회 성도들에게 보내는 바울의 두 번째 편지에서 놀랍도록 자주 반복되는 여러 핵심 개념들은 그의 사역과 그 자신의 특징을 잘 보여준다. 그중 가장 중요한 것들로는 약함(*astheneia*), 사역 또는 섬김(*diakonia*), 환난(*thlipsis*), 그리고 근심(*lypē*)이라 할 수 있는데, 이것들은 결국 모두 같은 뜻을 갖고 있다고 할 수 있다. 이러한 것들과 대비되며 같은 정도로 자주 나타나는 핵심 개념은 바울이 이 서신에서 사용하는 능력(*dynamis*), 기쁨(*chara*), 자랑(*kauchēsis*)과 같은 것들이 있다. 이 서신과 비교할 때 오직 빌립보서에만 기쁨에 대한 언급이 더 많은가 하면, 자랑과 그와 관련된 단어는 로마서, 갈라디아서, 빌립보서, 고린도전서를 모두 합친 것보다 고린도후서에서 더 많이 나타난다.

마지막 장인 5장에서 나는 대조적으로 보이는 이 두 가지 개념들을 자세히 살펴보고, 선교사의 영성에 깃든 그 단어들의 의미를 자문해 보려 한다.

이 편지에 바울이 적은 것처럼 명확하게 선교사의 연약함과 허약함을 강조한 사람은 아무도 없었다.[26] 또한 고린도후서에 담긴 선교사의 임무와 목표의 엄청난 중요성, 그리고 선교사의 준비 부족 사이의 불균형을 강하게 지적한 곳 또한 찾을 수 없다. 진정한 선교는 생각할 수 있는 모든 인간의 행위 가운데 가장 보잘것없고 연약해 보이는 것이며, 이는 영광의 신학과는 정반대가 되는 것이다.

여기서 주목할 것은 이 모든 것이 우연히 된 것이 아니고, 정의(definition)에 의한 것이라는 점이다. 이것은 참된 선교를 위해 꼭 필요한 전제조건이며, 이 점에서 바울은 주님을 본받고 있다. 호세 콤블린(José Comblin)은 이렇게 말했다.

예수님은 사람들의 마음을 얻기 위해 권세를 사용하지 않으셨다. 당시 전형적인 메시아주의는 그와 거리가 멀었고, 오히려 사람들에게 선사한 최고의 징표는 자기 자신의 죽음이었다. 인간의 문화와 문명이라는 그럴듯한 장식을 바탕에 둔 주장으로 사람들을 설득하고 지배하지 못한 완전한 무능력의 가시적인 표현이 그 죽음이다.[27]

예수는 당시 대중적인 관점으로 볼 때 결코 메시아가 아니었으며, 궁극적으로 이점이 바로 십자가에서 죽임을 당한 이유였다.

고린도의 바울과 그의 대적들 사이의 논쟁에서도 이 메시아주의라는 주제가 아주 중요한 것이었다. 바울은 고린도후서 6장 8-10절에서 이 주제를 놀라운 방법으로 설명하고 있다. 여기에는 일곱 개의 절이 있으며 각 절은 헬라어 접속사(*hōs*)로 시작된다. 이 단어는 문맥상 "마치 ~인 것처럼"의 의미가 아니라 "~이다"로써, 즉 실제적 사실을 말했다는 뜻이다. 바울은 자신이 언급한 조건이 실제가 아님을 암시하기 위해 이 어법을 사용한 것이 아니라, 오히려 그것들이 모두 실제로 그러하다는 것을 강조하기 위해서 사용했다. 호스(*hōs*)는 무명(無名), 죽음, 징계, 슬픔, 가난이라는 상황 속에서 수행된 바울의 사도직이 정상적인 것임을 말하고 있으며, 이러한 것들이 사도됨의 진정한 표징임을 보여준다.[28] '연약함'은 사도적 사역의 참된 특징이다. 바울에게 그의 대적들이 조롱할 법한 연약함이 없다면, 참된 사도적 사역과 그리스도를 진정으로 선포하는 일은 있을 수 없었다. 교회는 영적 거장들로 구성되는 것이 아니다. 상한(broken) 사람들만이 다른 사람들을 십자가로 이끌 수 있다. 예수님은 베드로 같은 사람들 위에 그의 교회를 세우신다.[29] 변화와 회심의 가능성은 인간의 취약성에 기반을 두고 있다. 그러나 취약함은 우리가 회심시키고자 하는 사람들만 지닌 것이 아니라 선교사인 우리의 취약함도 포함된다. 예수님은 오로지 그분 자신이 취약했기 때문에 무엇이 죄인지를 보여주실 수 있었다. 예수님이 취약함이 아닌 무적의 강인함을 택하셨더라면, 죄의 본질은 드러나지 못한 채 감추어지고 말았을 것이다.

그리스도인들이 연약함을 깨달을 때, 대개 두 가지 중 하나의 반응을 보인다. 연약함을 핑곗거리로 사용하거나, 연약함을 거부하고 강함을 원하는 것이다. 연약함이 핑계가 된다면 발생하는 일에 대해 책임질 필요가 없게 된다. 내가 연약한 것은 하나님께서 그리하셨으므로 일이 잘못되더라도 책임은 하나님께 있다는 것이다. 사실 이렇게 주장한다면, 우리의 연약함은 핑계가 될 뿐만 아니라 일종의 덕목이 될 수도 있다. 우리는 우리가 연약한 것에 대해 감사해야 한다. 그것이 우리를 모든 책임에서 벗어나게 해 주기 때문이다. 우리는 양심에 거리낄 것이 없으므로 마음 편히 지내면 된다.

인간들의 또 다른 반응은 연약함의 길을 거부하고 힘과 능력을 하나님께 간구하는 것이다. 예수님과 그의 제자들이 사마리아 마을에 도착하였을 때, 거기서 밤을 지낼 수 있도록 준비하려 하였다. 그러나 누가의 기술처럼 "예수께서 예루살렘을 향하여 가시기 때문에 저희가 받아들이지 아니하였다"(눅 9:53). 야고보와 요한이 이를 알고는 진노하여 예수님께 말했다. "주여, 우리가 불을 명하여 하늘로부터 내려 저들을 멸하라 할까요?"(눅 9:54). 그들은 제자도에는 연약함이 함께해야 한다는 것을 받아들일 수 없었다. 그들은 "주님, 우리에게 힘과 능력을 주십시오!"라고 말한 것이다.

바울도 고린도후서 12장에서 비슷한 문제를 가지고 있었음을 말하고 있다. 그는 가면을 벗고 자신의 인간됨을 보여준다. 그의 편지를 읽는 사람들은 그가 쇼하는 것이 아님을 알았기에 바울과 동일시할 수 있었다. 우리는 그가 말하는 "육체의 가시"(7절)가 실제로 어떤 것인지 잘 모른다. 하지만 바울이 오랜 기간 받아들이지 못한 사실은 알고 있다. 그는 육체의 가시를 자신에게 상처입히기 위해 찾아온 "사탄의 메신저"라고 여겼다. 그래서 바울은 주님께 그것을 없애 달라고 간구할 충분한 이유가 있다고 생각했다. 주께서 우리가 사탄을 이길 거라 약속하셨지 않은가!

바울이 육체의 가시가 갖는 진짜 의미를 깨닫기까지 오랜 시간이 걸렸다. 12 장에서 바울은 육체의 가시가 비록 사탄의 메신저일지라도 결국 자신을 위해 필요한 것임을 알게 되었다며 고백하는데, 가시는 그가 마냥 의기양양해지는 것을 막아주는 보호막이란 것이다(7 절)! 그는 가시로 인해 대적들이 빠진 것과 같은 함정에 빠지는 상황을 피할 수 있었다. 이제 하나님의 다스리심을 받아들일 만한 상태에 도달한 것이다. "내 은혜가 네게 족하도다. 이는 내 능력이 약한 데서 온전하여짐이라 하신지라"(9 절).

나는 우리 모두 "육체의 가시"가 필요하고 실제로 각자 자신의 것을 가지고 있다고 생각한다. 그것이 무엇인지를 잘 알고 있는 사람도 있고, 그것이 무엇인지 모르거나 확신하지 못하는 사람도 있을 것이다. 하지만, 나는 지금 우리가 우리의 다양한 "육체의 가시"가 무엇인지 찾아내는 데 몰두할 필요는 없다고 생각한다. 가시에 온통 마음을 쓰다 보면 일종의 자기학대(masochism)의 상황이 되어 사역 전체가 마비되기 쉬운데, 불행히도 일부 선교사들이 바로 이런 일을 겪고 있다.

그에 반해, 바울은 더 지체하지 않은 채 그 문제 전체를 내려 놓고, 하나님의 통치를 받아들였다. 더 나아가 자신에게 해가 될 수 있는 어려움을 오히려 자신의 자산으로 만들었다! 그는 "도리어 크게 기뻐함으로 나의 여러 약한 것들에 대하여 자랑하리니"(9 절)라고 말한다. 그 가시를 제거해 달라고 하나님께 더 매달리는 대신 그것을 자랑하게 된 것이다.

이는 고린도 교회에 보내는 두 번째 편지 전체에서 많이 나타나 있듯이, 모든 가치를 새로운 시각으로 바라보게 만든다.

> 우리는 속이는 자 같으나 참되고, 무명한 자 같으나 유명한 자요. 죽은 자 같으나 보라 우리가 살아 있고 징계를 받는 자 같으나 죽임을 당하지 아니하고 근심하는 자 같으나 항상 기뻐하고 가난한 자 같으나 많은 사람을 부요하게 하고 아무것도 없는 자 같으나 모든 것을 가진 자로다 (6:8-10).

이러한 것들은 그리스도인의 신앙에 있어서 피할 수 없는 역설이다. 바로 그렇게, 예수님 안에서 하늘의 영광과 십자가가 공존하는 역설이 있는 것처럼, 사도의 사역과 신앙에서도 능력과 연약함, 생명과 죽음의 역설이 공존한다. 이로 인해 바울은 고린도 성도들에게 "내가 약한 그 때에 강함이라"(12:10)

고 말할 수 있던 것이다. 어니스트 퓨치스(Ernst Fuchs)가 이것을 "신약성경 전체를 통틀어 가장 잘 알려진 역설"이라고 말한 것은 매우 적절하다.[30] 예수께서 약함 가운데 십자가에서 죽으셨지만, 하나님의 능력 안에 지금도 살아계신 것처럼, "우리도 그 안에서 약하나 너희에게 대하여 하나님의 능력으로 그와 함께 살리라"(13:4). 이런 믿음 때문에 바울은 "약한 것들과 능욕과 궁핍과 박해와 곤고를 그리스도를 위하여 기뻐한다"(12:10).

하지만 그의 자랑에는 그것을 제한하는 요소가 남아 있다. 바울은 어려운 상황을 스스로 선택한 것이 아니라, 그의 대적들 때문에 그렇게 할 수밖에 없었다. 그러므로 바울은 여러 차례 말하기를 그런 자랑은 어리석은 것이며, 만약 그가 경쟁하듯 자랑을 한다면 어리석은 자와 다를 바 없다고 하였다 (11:1, 16, 17, 21; 12:11). 12장 11절에서 그는 분명히 말한다. "내가 어리석은 자가 되었으나 너희가 억지로 시킨 것이니 나는 너희에게 칭찬을 받아야 마땅하도다." 이렇게 그는 이에 대해 변론하였다. 실제로 12장 1절에서 놀라운 자제력을 볼 수 있다. 그는 자신에 대해 3인칭으로 얘기한다.

무익하나마 내가 부득불 자랑하노니 주의 환상과 계시를 말하리라 내가 그리스도 안에 있는 한 사람을 아노니 그는 십사 년 전에 셋째 하늘에 이끌려 간 자라 (그가 몸 안에 있었는지 몸 밖에 있었는지 나는 모르거니와 하나님은 아시느니라) 내가 이런 사람을 아노니 (그가 몸 안에 있었는지 몸 밖에 있었는지 나는 모르거니와 하나님은 아시느니라) 그가 낙원으로 이끌려 가서 말로 표현할 수 없는 말을 들었으니 사람이 가히 이르지 못할 말이로다 내가 이런 사람을 위하여 자랑하겠으나 나를 위하여는 약한 것들 외에 자랑하지 아니하리라(12:2-5).

바로 앞 장에서 이미 다룬 바 있는 바울이 겪은 고난의 또 다른 측면은 주목할 만한 가치가 있다. 바울은 골로새 교회에 보내는 편지에서 말하기를, "나는 이제 너희를 위하여 받는 괴로움을 기뻐하고 그리스도의 남은 고난을 그의 몸된 교회를 위하여 내 육체에 채우노라"(골 1:24)라고 말한다. 바울은 그리스도의 고난이 충분치 않아 육신으로 채운다는 것이 아니라, 오히려 더 많은 고난이 따를 것이며, 그래야만 교회가 세워질 수 있기 때문이라고 말한다. 그리고 바울은 자신이 당하는 고난이 그 일에 기여하는 것이라고 생각한다. 그 고난이 구원의 가치를 지닌 것으로 설명한다. 그러한 고난이 없다면 그리스도의 고난 이야기는 완성될 수 없었다는 것이다. 그의 고난은 "복음의 유익"을 위한 것이다(딤후 1:8). 그러므로 바울은 고린도 성도들에게 "우리가 환난 당하는 것도 너희가 위로와 구원을 받게 하려는 것이요 우리가 위로를 받는 것도 너희가 위로를 받게 하려는 것이니"(고후 1:6)라고 말한다. 그리고 몇 장 뒤에서 그는 "사망은 우리 안에서 역사하고, 생명은 너희 안에서 역사하느니라"(4:12)라고 말하는데, 이 또한 같은 의미이다. 그의 고난은 그들에게 생명을 가져다주었다. 그는 자신이 고린도 교회 성도들에게 유익이 될 수만 있다면, 이미 견뎌온 고난의 한계를 넘는 일도 감당할 수 있기 위해 준비하고 있었다. "내가 너희 영혼을 위하여 크게 기뻐하므로 재물을 사용하고 또 내 자신까지도 내어 주리니"(12:15).

바울이 살던 시대의 세계는 오늘날처럼 모든 것을 배당금과 자금 회전율 그리고 성공이란 기준으로 정의하고 평가하는 소비 시장 경제의 사회와는 아주 달랐다. 나는 저명한 크리스천 작가의 유명한 책의 표지에서 이런 글귀를 보았다.

X 박사가 제공하는,
자신감을 높일 수 있는 10 개의 단순하고도 실행 가능한
목표들,
당신의 활력을 유지하게 하는 3 가지 입증된 비밀,

도움이 필요한 사람들을 기도의 능력으로 어떻게 도왔는
지에 관한 13 가지 실제 사례,
성공으로 인도하는 4 개의 단어,
실패의 극복을 위해 성공한 사람들이 사용한 5 가지의 실
제적인 테크닉,
영적 치유의 8 단계 공식,
인기를 얻을 수 있는 10 가지 가이드.

바울이 보여주는 사고방식의 세계에는 이런 접근방식이 통
하지 않는다. 사도적 사역은 늘 고되고, 연약한 가운데 이루어
지며, 순교자의 피가 교회의 씨앗이 되는 세상에서 이루어졌
다. 바울의 대적들이 거부한 것은 그의 메시지와 삶의 핵심인
바로 그가 선택한 연약함, 고통, 그리고 자기부인이었다.

바울과 대적들의 차이점은 바로 십자가에 있다. 코수케 코야
마는 "사도적 신학은 고난의(stigmatized) 신학이어야만 한다"
고 말한다.[31] 그는 십자가에 못 박힌 그분의 손을 레닌과 부처
의 손에 비교한다. 예수님의 손이 레닌처럼 주먹을 쥔 것이었
다면, 신학은 이데올로기가 되었을 것이다. 예수님의 손이 부
처의 손과 같이 활짝 열려 있고, 모든 사람을 다 들어 올릴
수 있도록 손가락 사이에 상징적인 그물이 쳐 있다면, 신학은
걸림돌로서의 자기 역할을 잃어버렸을 것이다. 하지만, 예수님

의 손은 펼쳐져 있지도 않고 닫혀 있지도 않다. 그의 손은 무방비 상태이며, 못이 관통한 손이다.

우리가 서로 의견이 달라서 복음의 진수에 대해 논쟁할 때, 무방비 상태로 두들겨 맞아 망가진 손을 복음의 증거로 제시하지는 않는다. 논쟁할 때 근육질의 그리스도가 유사한 근육질의 그리스도와 맞서면 강력한 근육의 굴곡 뒤로 못 자국은 보이지 않게 된다. 다른 사람의 그리스도가 너무 강한 근육질이면 나는 나의 껍질 속으로 숨는다. 게다가 우리의 그리스도가 강한 근육질이 될수록 그가 다시 갈보리로 돌아가 원상회복을 하기는 점점 더 어려워질 것이다. 우리가 꼭 기억해야 하는 것은 십자가는 교회를 보증하는 마크(the hallmark)라는 사실이다. 부활하신 그리스도께서 제자들에게 나타나셨을 때, 그의 흉터는 그가 그리스도이시라는 증거였다. 제자들은 그 흉터 때문에 믿었다(요 20:20). 지금의 우리라고 다를까? 세상이 우리에게서 십자가의 흔적을 발견하지 못한다면 그들이 과연 믿음을 갖게 될까?

바울의 사역은 십자가를 중심으로 이루어졌기에 겸손한 것이 특징이다. 그러나 그의 겸손은 어떤 식으로든 확신이 없다는 것을 의미하지 않는다. 이것은 선교사들로서는 배우기 어려운 교훈이다. 우리는 사역에 있어서 공격적이지 않고 겸손하며, 사려 깊음과 관대함은 상당히 모호한 것과 심지어 제멋대로 하는 것까지 용인하는 것까지 포함하고 있다고 생각하는 것 같다. 반대로, 복음만이 유일한 구원의 메시지란 확신에 차 있을 때만 복음 선포가 가능하다고 믿는 경우에는 우리 자신과 메시지를 다른 사람에게 강요하는 오만함과 고집불통의 모습을 보여준다.

고린도후서에서 바울은 제 3 의 길을 보여준다. 잘난 체하지 않는 겸손과 겸허한 모습으로 살아가면서도, 자신이 선포하는 메시지가 인생에서 생명과 죽음을 결정하는 가장 중요한 문제를 다루고 있다는 점에 대하여서 추호의 흔들림도 없는 확신을 보여준다. 이 확신은 바울 자신과 동료들을 "그리스도로 인해 하나님께 드려지는 향기"로 비유하는 대목에서 분명해지는데, 그 향기가 구원에 이르는 자들 또는 멸망으로 가는 자들에게 미치는 영향을 보여준다. "멸망을 당하는 사람들에게는 죽음에 이르게 하는 죽음의 냄새가 되고, 구원을 얻는 사람들에게는 생명에 이르게 하는 생명의 향기가 됩니다"(2:16, 새번역). 사도적 사역은 아무리 겸손하고 연약하여도 효과를 발휘한다. 누구도 중립 상태로 있을 수는 없으며, 구원 그 자체가 여기에 달려 있다.

바울은 큰 종말론적 전환점이 이미 도래했다는 사실을 바탕으로 이러한 태도를 보일 수 있었다. 고린도후서 5 장 16 절의 새 영어성경(*New English Bible*)의 번역은 "그러므로 이제 우리에게는 인간의 됨됨이를 가늠하는 데 있어 세상의 기준은 쓸모없게 되었다"라고 하였는데, 이는 '지금부터'(from now on)를 의미하는 중요한 헬라어의 세 단어(ἀπὸ τοῦ νῦν, *apo tou nyn*)를 적절하게 반영하지 못한 것이다. 바울은 "지금부터" 모든 것이 달라지게 할 어떤 일이 일어나고 있음을 말하고 있다. 바울은 이사야 49 장 8 절을 인용한 고린도후서 6 장 2 절에서 이를 더욱 분명하게 설명한다. "하나님께서 말씀하시기를 '은혜의 때에, 나는 네 말을 들어주었다. 구원의 날에, 나는 너를 도와주었다'라고 하셨습니다." 선지자는 먼 미래를 예언한 맥락에서 이 단어들을 사용했으나, 바울은 그것을 자신의 때에 적용하여 바로 이어서 "보십시오, 지금이야말로 은혜의 때요, 지금이야말로 구원의 날입니다"라고 말한다.

이러한 강조는 바울이 예수님의 오심과, 이에 대한 예수님 자신의 이해의 중요성을 인식하고 있었음을 보여준다. 나사렛 예수가 등장했을 때, 유대인의 다양한 종파들은 터무니없이 영광스럽게 미화된 먼 옛날 일에 일방적인 관심을 갖거나 미래에 대한 과장된 관심을 보여주었다. 심지어 두 가지 입장을 모두 받아들이는 사람들도 있었다. 하지만 그들이 살던 당시는 그저 황량한 채 아무 의미도 없고, 악과 고통의 지배 속에 버려져 있었다. 그러나 예수님은 어떤 소망도 없어 보이는 그 시대를 달리 평가했다. 예수님이 나사렛에서 이사야의 말을 인용하자 사람들은 열광적으로 환호했다. 그들의 환호성에 이어 이렇게 말씀하신다. "이 글이 오늘 너희 귀에 응하였느니라"(눅 4:21). 하나님의 나라는 이미 임하였고(마 12:28; 눅 11:20), 사람들 가운데 있으므로(눅 17:21), 이제 더는 먼 미래에 다가올 하나님의 나라만을 기대할 필요가 없다는 것이다. 예수님은 제자들에게 "너희가 보는 것을 보는 눈은 복이 있도다. 내가 너희에게 말하노니 많은 선지자와 임금이 너희가 보는 바를 보고자 하였으되 보지 못하였으며 너희가 듣는 바를 듣고자 하였으되 듣지 못하였느니라"(눅 10:23-24)라고 말씀하신다.

이와 관련하여 우리는 특별히 함축적인 헬라어의 개념인 '카이로스'(kairos)를 해석해야 한다. 이 단어는 아주 결정적인 시간, 역사의 전환점을 의미한다. 예수님은 유대인 지도자들이 이 '카이로스'를 분간하지 못한 것에 대해 꾸짖으셨다. "외식하는 자여 너희가 천지의 기상은 분간할 줄 알면서 어찌 이 시대는 분간하지 못하느냐?"(눅 12:56). 예수님은 예루살렘을 향해 말씀하셨다.

그 날이 너에게 닥치리니, 너의 원수들이 토성을 쌓고, 너를 에워싸고, 너를 사면에서 죄어들어서, 너와 네 안에 있는 네 자녀를 짓밟고, 네 안에 돌 한 개도 다른 돌 위에 얹혀 있지 못하게 할 것이다. 이것은 하나님께서 너를 찾아오신 때를, 네가 알지 못했기 때문이다(눅 19:43-44, 새번역).

초기교회는 근본적으로 새로운 시대가 예수님에 의해 시작되었다는 사실을 잊지 않고 있었다. 그리스도는 죽음에서 부활하셨고, 성령이 교회에 임하셨다. 우리는 새로운 시대의 '첫 번째 열매들'을 받았으며 그 열매들은 옛 시대를 침공하여 치명적인 상처를 입히고 있다. 그러므로 바울이 특별히 고린도후서에서 성령을 보증(*arrabōn*)으로 표현한 것은 결코 우연이 아니다. 하나님께서는 "또한 우리에게 인치시고 보증으로 우리 마음에 성령을 주셨다"(1:22, 참조. 5:5).

엄청난 일들이 새로운 시대의 도래로 인해 이루어졌다. "누구든지 그리스도 안에 있으면 새로운 피조물이라 이전 것은 지나갔으니 보라 새 것이 되었도다"(고후 5:17). 진정한 사도적 사역으로 종말(*eschatōn*)은 현재의 실재가 된다. 이것은 단지 우리가 닦아 가고 있는 미래의 실재가 아니며, 이미 우리의 세속적인 역사적 실재 안으로 침범하고 침투하여 이를 변형시키는 과정에 있다. 이렇듯 결정적 순간이 다가왔기에 사도적 사역은 "생명에 이르도록 하는 생명의 향기"(2:16)가 된다. 또한, 이를 통해 위대한 영광이 성령의 거룩한 경륜 가운데 나타나며(3:8), 민족들에게 영광스러운 의(3:9)와 화목(5:20)이 나타난다.

바울에게 새로운 피조물은 논란의 여지가 없는 실재이다. 그러나 이를 아는 것만으로 행복에 취하지 않는다. 비록 옛 질서가 "이미 사라졌지만"(5:17), 여전히 어둡고 위협적인 그림자가 모든 것 위에 드리우고 있다는 것을 알기 때문이다. 우리는 하나님의 나라를 아직 온전하게 경험하지 못했으며 여전히 구속(救贖)받지 못한 세상에 살고 있지만, 두려움 없이 당당할 수 있다. 하나님 나라가 이미 임하였으며(has already come) 곧 도래할 것을(is coming) 알고 있으니까 말이다. 우리는 이미 와 있는 하나님 나라와 앞으로 와야 할 하나님 나라 사이의 창조적 긴장 속에 살고 있다. 그 긴장 속에서 앞으로 임할 하나님 나라의 궤도에 점점 더 가까이 더 다가가고 있다.

그리스도인들은 이 세상에서 시대에 맞지 않는 존재들이다. 더는 예전의 우리가 아니지만, 아직 도달해야 할 곳에 이르지는 못한 존재이다. 다시 말해 하나님 나라에는 아직 완전히 적합하진 않지만, 이 세상에서는 이미 하나님 나라 백성이 되어 있는 사람들이다. 우리는 이미 도래한 나라와 아직 도래하지 않은 나라 사이의 경계에서 사는 것이다. 우리는 앞으로 다가올 세계의 작은 흔적이며 세상에 있지만, 하나님의 뜻에 따라 살아가고 그 통치하심을 받아들이는 하나님의 실험적 동산(garden)이다. 우리는 마치 눈 속에 피어 있는 크로커스(crocus, 이른 봄에 피는 붓꽃의 일종으로 사프란이라고도 한다. 값비싼 향신료에 속하며, 약재나 염료로도 사용된다.—역자 주)와도 같다. 앞으로 올 세상의 징후이면서 동시에 그 나라가 임할 것을 보장해 준다.

이 역설적 삶은 특히 고린도후서 4장에서 분명하게 나타난다. 바울은 우리가 '보배를 담은 질그릇'과 같다고 표현한다(7절). 그러므로 우리는 사방으로 우겨쌈을 당하여도 움츠러들지 않으며, 답답한 일을 당해도 낙심하지 않고, 박해를 받아도 버림받지 않으며, 거꾸러뜨림을 당해도 망하지 않는다(8-9절). 이 진술로 인해 자칫 사도 바울이 고지식하게 느껴질 수도 있는데, 어찌 보면 그가 명백한 사실에 직면하길 거부하는 것처럼 보이기 때문이다. 하지만, 그것만으로 그의 태도가 고지식하거나 완고하다고 판단해서는 안 된다. 이는 이미 역사의 결정적 전환이 이루어졌다는 것에 대한 확신에 따라 행동하는 모습이다.

그러므로 바울은 10절에서, 죽음과 생명을 동시에 짊어지고 있다고 말하며, 11절에서는 "우리가 항상 예수의 죽음을 몸에 짊어짐은 예수의 생명이 또한 우리 죽을 육체에 나타나게 하려 함이라"고 설명한다. 이처럼 바울은 죽음과 생명, 두 세계 안에서 살았다. 그는 "주 예수를 다시 살리신 이가 예수와 함께 우리도 다시 살리사 그 앞에 서게 하실 줄"(14절)을 알았기에 죽음을 두려워하지 않았다.

16절에서 그는 하던 이야기를 멈추고 "그러므로 우리가 낙심하지 아니하노니 우리의 겉사람은 낡아지나 우리의 속사람은 날로 새로워지도다. 우리가 잠시 받는 환난의 경한 것이 지극히 크고 영원한 영광의 중한 것을 우리에게 이루게 함이니"(16-17절)라고 힘차게 말한다. 따라서 앞으로 도래할 하나님의 나라가 현재의 우리 상태를 결정하므로, 미래의 새로운 시대가 낡은 것을 바꾸는 것이지 그 반대가 아니란 거다.

바울은 아주 평범한 단어들을 우리가 주로 사용하는 것과는 다른 방식으로 사용한다. 고린도후서에 자주 나타나는 그런 단어 중의 하나가 '인내'이다. 우리가 그 단어를 사용할 때는 숙명론적인 요소가 포함되어 있다. 예를 들어, "당신에게 보이는 현실의 모든 것이 어렵고 엉망이어도 인내해야만 한다" 같은 경우이다. 하지만 바울은 그런 의미로 사용하지 않는다. 바울이 사용하는 '인내'에는 기대만 있을 뿐 숙명론적인 의미는 전혀 찾아볼 수 없다. '소망'이라는 단어도 마찬가지이다. 우리가 "글쎄요, 그저 최선의 결과를 소망할 뿐입니다"라고 말할 때, 실제로는 그 반대의 상황이 벌어질 조짐이 있음을 의미한다. 이런 의미에서 소망은 사실 낙심의 표현인 것이다. 그러나 그리스도인의 소망은 현재의 암담한 상황에 집착하는 것이 아니라, 앞으로 도래할 하나님 나라의 실재적 확실성에 기반을 둔다. 그것은 이미 갖고 있지만 동시에 갈망하는 것이며, 휴식 상태이면서 동시에 활동하는 것이고, 이미 도착했으나 동시에 아직 여정 가운데 있는 것이다. 이때 소망은 '이미'와 '아직'을 연결하는 것이며, 끝에 이르지 못한 것과 끝 사이를 연결하는 것이다. 우리는 그것이 실현되게 하려고 노력하며 미래를 꿈꾼다. 바울은 빌립보서에서 이렇게 말한다. "내가 이미 얻었다 함도 아니요 온전히 이루었다 함도 아니라 오직 내가 그리스도 예수께 잡힌 바 된 그것을 잡으려고 달려가노라"(빌 3:12). 진정한 그리스도인의 소망은 성취의 과정 중에 있는 소망이다. 이것이 곧 바울이 "우리는 소망 중에 구원받았다"(과거시제)라고 말할 수 있는 이유이다.

인내와 소망과 더불어, 기쁨 또한 바울 서신에서 새로운 의미로 쓰였다. 기쁨은 일종의 타고난 성향일 수 있으며, 천성이

낙천적인 사람의 속성이기도 하다. 또한, 마음의 상태나 기분을 나타내는 경우도 있다. 기쁜 감정은 상황에 따라 느끼게 된다. 그러나 바울은 이미 언급한 대로 '기쁨'(chara)을 그 어떤 곳보다 빌립보서와 고린도후서에서 좀 더 많이 사용한다. 이 편지들은 바울이 슬프고 고통스런 상황에 있을 때 쓴 것이다. "나는 너희를 향하여 담대한 것도 많고 너희를 위하여 자랑하는 것도 많으니 내가 우리의 모든 환난 가운데서도 위로가 가득하고 기쁨이 넘치는도다"(고후 7:4). 그러므로 바울 사도의 기쁨은 고통과 환란에도 불구하고 누리는 기쁨이 아니라, 고통과 환란 안에서의 기쁨이라고 표현할 수 있을 것이다.[32]

자! 이제 마지막 부분에 이르렀다. 나는 바울이 이미와 아직 사이의 경계에 있으면서 앞에 놓인 '아직'이란 목표를 향해 나아가고 있다는(참조. 빌 3:14) 점이 오늘날의 선교사란 존재에게 매우 중요한 의미가 있다고 생각한다. 선교사가 얄팍한 열정이나 과잉행동을 지양해야 하듯, 이래도 그만 저래도 그만인 중립적인 무관심과 만족 그리고 수동적인 태도도 용납해서는 안 된다고 생각한다.

더 중요한 것은, 앞에서 말했듯 바울은 창조적 긴장 속에서 살았으므로 자신이 속한 곳이 어디며 무엇을 해야 하는지에 대해 조금도 의심하지 않았다. 다른 무엇보다 계속 진행할지

혹은 중단할지에 대한 고통스러운 불확실성이 우리의 사역을 알맹이 없는 것으로 만들고 기쁨을 앗아가기 쉽다.

바울 이후 모든 세대의 선교사들이 그랬던 것처럼 지금 있는 곳에 우리가 속해 있음을 알고 인정하며 그것으로부터 용기를 끌어내지 못한다면 좌절과 실망, 환멸, 그리고 충격을 극복하지 못할 것이다. 이 사실은 오늘의 선교사들에게도 그대로 적용된다. 바울은 드로아에서 한 마게도니아 사람이 "마게도니아로 건너와서 저희를 도와주십시오"라고 요청하는 환상을 보았다(행 16:10). 하지만, 마게도니아 지방의 으뜸가는 도시인 빌립보에 도착했을 때 그를 맞이한 것은 근사한 오케스트라나 환영 위원회가 아닌 심한 채찍질과 감옥에 투옥되는 환란이었다. 하지만 바울은 모든 것을 기쁨으로 인내하였는데, 그럴 수 있던 이유는 '이곳이 내가 속한 곳'이라는 것을 알고 있었기 때문이다.

오랜 세월 교회도 마찬가지였다. 우간다 교회는 최근에 100 주년을 맞이했다. 100여 년 전 여덟 명의 선교사가 영국을 떠나 그곳으로 갔다. 그리고 2년이 지나기 전에 오직 한 사람만이 살아남았는데, 그가 바로 알렉산더 매케이(Alexander Mackey)다. 그는 자신에게 닥쳐오는 모든 역경에서도 사역을 계속했다. 이유는 "여기가 내가 속한 곳이다!"라는 사실을 알았기 때문이다. 앞서 2장에서 언급했던 월터 프레이태그가 52년이 지나도록 아무런 가시적 결실이 없던 이집트 북부 현지 본부를 방문했던 것을 기억하는가? 그곳의 선교사들은 "이곳이 내가 속한 곳이다!"라는 확신이 있었기에, 52년 동안 신실한 사역을 지속할 수 있었음을 이젠 여러분도 이해할 것이다. 그들은 항상 그래 왔고, 앞으로도 그럴 것이다.

유월절 전날이며 예수님께서 십자가에 달리시기 전날 밤, 즉 목요일 밤이었다. 제자들은 예수님과 함께 빵과 포도주를 나누려고 다락방에 모여 있었다. 하지만 그들의 세상은 사방에서 벽이 무너져 내리고 있었다. 누구도 무슨 일이 벌어지고 있었는지 알아차리지 못하는 가운데, 유다가 먼저 그 방에서 나갔다. 그러자 예수님은 베드로에게 말씀하셨다. "닭이 두 번 울기 전에 너는 나를 세 번 부인할 것이다." 그리고 다른 제자들에게 이렇게 말씀하셨다. "오늘 밤에 너희 모두 나를 욕하게 될 것이다." 도마도, 아마 다른 제자들도, 마음속에 수많은 질문이 동시에 들끓고 있었을 것이다. "이 일의 끝은 어딜까? 어떻게 되며 누가 살아남을까? 누가 끝까지 견뎌낼 수 있을까?" 제자들은 전개되는 상황을 거의 이해하지 못했기에, 예수님의 죽음이 임박하였다는 말은 아주 언짢았을 것이다. 그들은 전혀 다른 기대를 하고 있었는데, 왕의 보좌와 보좌 양편의 높은 자리가 그들이 꿈꾸던 자리였다. 그렇기에 그중 몇 명이 의심하기 시작했다 해도 이상한 일은 아니다. "우리가 실수한 것일까? 이분이 메시아가 아닌 건가? 그렇다면 우리가 선택을 잘못했단 말인가?"

긴박한 분위기 속에서 그들은 예수님께서 차분하고 담담한 목소리로 "너희가 나를 택한 것이 아니요, 내가 너희를 택하여 세웠나니 이는 너희로 가서 열매를 맺게 하고 또 너희 열매가 항상 있게 하여"(요 15:16)라고 말씀하시는 것을 들었다.

> 네가 완전히 잘못 생각하고 있구나. 수많은 리더와 다양한 전문가 중에서, 네가 나와 내가 할 사역을 선택했다고? 그럴 리가 없지 않니? 본래 그렇지 않았어. 기억하지 못하겠느냐? 베드로야 네가 요한, 야고보와 함께 물고기를 잡느라 바쁠 때 내가 너를 불렀지. 그리고 너, 나다나엘은 무화과나무 그늘에서 쉬고 있었고 마태는 세리 사무실에 있었단다. 그래, 내가 너를 택하여 부르지 않았더라면 너는 여전히 거기에 있었을 게다.

지금, 여기 우리에게도 똑같이 적용되지 않을까? 당신과 나 또한 그분의 음성을 올바로 듣지 못한다면 조금씩 무너져 내리는 사방의 벽 속에 매몰될 것이다. "네가 나를 선택한 것이 아니라 내가 너를 선택한 것이다. 네가 가서 수고하여 열매를

맺고, 그 열매가 지속하여 열리도록 말이다. 기억하거라. 내가

너를 지명하여 불렀다."

미주

1. 십자가의 영성

1 Lesslie Newbigin, *The Good Shepherd* (Grand Rapids: Eerdmans, 1977), 96.

2 Newbigin, *The Good Shepherd*, 96.

3 S. H. Moffet, Reformed Ecumenical Synod News Exchange(Feb. 22, 1972)에서 인용.

2. 잡상인인가, 사로잡힘의 기쁨인가?

4 I A M S News Letter(11, Nov., 1977), 13 에서 인용.

5 다음을 참조하라. "Towards a Spirituality of the Road" in *Adrian Hastings' Mission and Ministry* (London: Sheed and Ward, 1971), 84-95.

6 Kosuke Koyama, *No Handle on the Cross* (Maryknoll: Orbis Books, 1977), 71.

7 Koyama, *No Handle on the Cross*, 2.

8 다음을 참조하라. Horst Baum, *Mut zum Schwachsein-in Christi Kraft* (St. Augustin: Steyler Verlag, 1977), 25. I gratefully register my indebtedness to this book for helping to open my eyes to the significance of 2 Corinthians for the understanding of "missionary spirituality."

9 다음을 참조하라. Baum, *Mut zum Schwachsein-in Christi Kraft*, 160-62, 166, 191.

10 Koyama, *No Handle on the Cross,* 72.

11 Koyama, *No Handle on the Cross,* 75.

12 다음을 참조하라. J. Comblin, *The Meaning of Mission* (Maryknoll: Orbis Books, 1977), 80.

13 Koyama, *No Handle on the Cross,* 84.

14 Koyama, *No Handle on the Cross,* 84.

15 Koyama, *No Handle on the Cross,* 41.

3. 그리스도의 대사들

16 H. Kraemer, *The Christian Message in a Non-Christian World* (London: E H P, 1947), 140.

17 다음을 참조하라. A. J. Dain, *Missionary Candidates* (London: Evangelical Missionary Alliance, 1964), 4.

18 Mildred Cable and Francesca French, *Ambassadors for Christ* (Chicago: Moody Press, n.d.), 30.

19 J. A. Loewen, "Self-Exposure: Bridge to Fellowship," *Practical Anthropology* 12 (1965): 59.

4. 그리스도를 위한 섬김

20 Ivan Illich, *Mission and Midwifery* (Gwelo: Mambo Press, 1974), 7.

21 다음을 참조하라. J. Comblin, *The Meaning of Mission* (Maryknoll: Orbis Books, 1977), 107.

22 "I Am a Stranger in My Father's House," *African Ecclesiastical Review* 14(3) (1972): 243-53; "I Speak in the House of My Hosts," *Catalyst* 7:2 (1977): 84-105.

23 다음을 참조하라. Horst Baum, *Mut zum Schwachsein-in Christi Kraft* (St. Augustin: Steyler Verlag, 1977), 84-105.

24 James Wilkie, "An Essay in Understanding," *International Review of Missions* 219(July) (1966): 344.

25 Orlando Costas, "Mission Out of Affluence," *Missiology: An International Review* 1(4) (1973): 405-23.

5. 연약할 수 있는 용기

26 Baum, *Mut zum Schwachsein-in Christi Kraft* 의 여러 곳과 Comblin, *The Meaning of Mission* 의 "Gospel Mission as Strength in Weakness," 80-87 을 비교하라.

27 Comblin, *The Meaning of Mission* (Maryknoll: Orbis Books, 1977), 81.

28 다음을 참조하라. Horst Baum, *Mut zum Schwachsein-in Christi Kraft* (St. Augustin: Steyler Verlag, 1977), 168.

29 다음을 참조하라. Lesslie Newbigin, *The Good Shepherd* (Grand Rapids: Eerdmans, 1977), 146, 147.

30 Baum, *Mut zum Schwachsein-in Christi Kraft*, 210 에서 인용.

31 Kosuke Koyama, *No Handle on the Cross* (Maryknoll: Orbis Books, 1977), 37.

32 Baum, *Mut zum Schwachsein-in Christi Kraft*. 175.

품시리즈

"품"은 출판을 통해서 세계선교를 위한 성찰적인 기능과 새로운 대안을 모색하는 GMF Press의 시리즈 명칭입니다. 사단법인해외선교회(Global Missionary Fellowship: 약칭 GMF)는 1987년에 설립된 초교파 복음주의 선교 공동체이며, 세계 복음화를 위해 한국 교회와 전 세계 교회의 파트너로서 섬기는 일을 다하고 있습니다. GMF 산하에는 다음과 같은 기관이 있습니다.

파송기관: GBT, GMP, HOPE, FMnC
지원기관: KRIM, GMTC, GPTI, GLfocus, MK-Nest, SNS, 법인사무국
품시리즈 위원: 권성찬, 김효찬, 이경춘, 홍현철

'품시리즈'는 GMF 감사로 섬겨주신 故최윤호 장로님을 추모하는 기금으로 시작되었습니다.

길의 영성
모든 그리스도인을 위한 선교적 영성

초 판 발 행	2023년 3월 8일
초 판 3 쇄	2023년 6월 20일
지 은 이	데이비드 J. 보쉬
옮 긴 이	김동화 · 이길표 공역
발 행 인	양승헌
편 집 인	홍현철
디 자 인	윤희정
발 행 처	한국해외선교회 출판부(GMF Press)
주 소	서울 양천구 목동중앙본로18길 78, 4층
전 화	(02)2654-1006
이 메 일	krim@krim.org
등 록 번 호	제21-196호
등 록 일	1990년 9월 28일

© 2023년 GMF Press. (한국해외선교회출판부)